我一生中最快乐的20年

我与世外中学

罗佩明——著

上海人民出版社

人的成长在于经历，经历过艰险的挑战，生命延伸了高度；经历过困苦的磨炼，生命加强了韧度；经历过挫折的考验，生命平添了亮度。

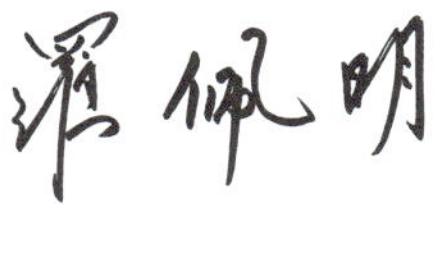

序一

大志有恒　大爱无声

王均金

我常说:“我们留下一个什么样的世界给子孙后代,很大程度上,取决于我们给世界留下什么样的子孙。”要为后世留优秀的子孙,现在就要有许多一流的学校,要有一批国际化、可传承的“百年名校”。基于这样的历史使命感,2005年均瑶集团积极响应上海市委、市政府号召,在徐汇区委、区政府指导下,牵手教育,结缘世外。也正是在这样的时代背景下,我有幸与上海市特级校长、特级教师,世外中学创始人罗佩明女士结下了一段不浅的教育情缘。

由一家企业来办教育,特别是管理世外中学这样一所全市闻名的一流名校,当时外界颇有质疑,连集团内部也不无担忧。但随后我们化解了这种担忧,一是集团明确了“世外是集团为社会创造价值的载体,是可持续履行社会责任的教育品牌”的认识;二是我们充分相信以罗佩明校长为首的世外中学领导班子。

见到罗校长之前,我早就耳闻她的传奇经历。第一次见面,就被罗校长身上的林下之风和睿智平和的教育家风范所吸引。

转制前的世外中学在罗校长的带领下，经过长达十年艰苦创业，已经取得了骄人的成绩。面对改制的挑战，罗校长转任世外中学常务副董事长，全力支持、扶助以徐俭校长为代表的世外中学领导班子圆满地完成了转制工作。同时在发掘、培养年轻干部方面，罗副董事长也做了大量工作。厉笑影、陈勇、赵蕾、穆绮芸等一大批优秀年轻教师就是在她的关心、帮助、指导下成长起来，逐步走向校级领导岗位。

转制后的世外中学稳步发展，社会声誉日隆，集团一贯倡导“均瑶百年长路上，世外中学不是以赢利为目的，我们要做对人类进步有益的，对社会有正能量的事情”，并为世外中学确立了“办可持续发展的‘百年名校’”的宏伟目标。

面对这一宏图，罗副董事长动情地说：“倘若当今的教育教学没有乐观、纯粹的发展空间，那么社会就难见到真正的富有创造性的精神产品，整个时代的发展就只能在同一个层次上向前挪步，这样的发展，永远难以提升层次。”在罗副董事长大力倡导、积极推动下，“世外教育集团教育研发中心”成立。她不顾年事已高，亲自担任研发中心主任，主持创新机制建设，总结过去，规划愿景，确定战略，调整战术等等。短短的三年时间里，研发中心成为世外教育集团举足轻重的智囊。

随着世外教育集团的进一步壮大，世外中学在原来的基础上有了新的发展。为了让新的领导层有更好的发展空间，罗佩明校长辞去了常务副董事长一职，但她并没有停止为世外服务的脚步。2015年，集团授予她“世外中学终身名誉校长”称号。这一荣誉罗佩明校长当之无愧。这是我们对一个有着半世纪教育生涯的长者的敬意，是对她在世外中学发展史上所做的独一无二贡献的感谢，是对她心底无私、奖掖后贤的赞誉。

在世外中学20周年校庆之际，出版《我一生中最快乐的20年——我与世外中学》一书，是很有意义的。这不仅有助于我们了解罗佩明校长的奋斗史、了解世外中学的发展史，更是我们学习罗校长为教育事业无私奉献的有益载体。孔子说："知之者不如好之者，好之者不如乐之者。"罗佩明校长就是这样一位教育的"乐之者"。如果每一个世外人都有她这样以教育为乐、以奉献为乐的精神，世外的百年名校之路一定会胜算在握。

手里捧着这本书稿，我认真细读。回忆起和罗校长共事的点点滴滴，脑海里跳出"大志有恒"这句我最喜欢的励志铭言。我想把这句铭言赠与罗佩明校长，在20周年校庆之际，也想以这句话与世外同仁共勉。

序二

她创建了世外品牌

李骏修

罗佩明校长说，在世外中学的20年，是她一生中最快乐的20年。我作为世外中学办学过程中的长期关注者，认为这确实是值得她快乐的20年。在这20年里，罗校长和她的团队，开展“面向未来，面向世界，面向现代化”的精彩办学实践；在这20年里，罗校长和她的团队，把一所刚起步的新校办成了享誉市内外、具有鲜明教育特色的学校；在这20年里，罗校长和她的团队，实现了把好学生送到世界最高水平的教育机构去学习的目标。依我的观察与理解，世外品牌的创建和成功，有以下四方面的“秘诀”。

一是办外语学校要找个“洋派些”的校长。

20年前，教育改革的小环境较好——既是大发展时期，又是优质教育资源匮乏期，我们利用转制校机制，集聚政府、社会、老校长、家长的各种资源，创办了一批新校。这些学校凭借灵活的机制、鲜明的个性、优良的质量，迅速在社会上形成口碑，成为家长们追逐的好学校。世外中学也正是在这个时期应运而生，经过执著探索试验，逐步成为现在这样一所办学有特色的学校，且逐渐步入世界教育的平台，被众多的名校接纳认可，成为真正的“世界”外国语中学。

世外中学初创办时期，老领导施伯云，王小平、余臣、席时亨校长都为学校开办招生、校区建设、教师队伍招募等做了不少基础工作。而真正创建具有品牌价值的特色教育，塑造形成目前的办学理念、学校精神、学校文化，确实是罗佩明校长的引领之功。她以一以贯之的坚持、开拓和创新创建了世外品牌。

我和一些老领导始终认为，这所学校成功办学的决定因素，是选聘到罗佩明任开创时期的校长。如今想来，这项任务非她莫属。罗校长曾多年担任上海外国语大学附中的校长，积累了许多有关外国语学校的办学经验和教训，对教育国际化颇有心得体会。罗校长还有着多年国外生活的经历与体验，对多元文化、国际交流饱含亲身的感受。此外，罗校长常年在学校管理岗位担任领导，对体制内办学的积习也多有认识。正因为这些独特的经历和积累，罗校长能够在遇到当时转制学校办学较为宽松的自主改革实验之时，厚积薄发，认准心中的办学目标，心无旁骛，在试验中寻路，在实践中前行，在探索中成长，整整坚持了20年的改革实践。

二是认定与坚守“走向世界的现代中国人”的办学理念。

改革开放以来，教育国际化变成了最时髦的口号，大家一拥而上，众多的学校都在进行国际交流，引入洋课程，办国际学校，结姊妹校。世外中学，头顶着外语的桂冠，更有天生的“国际化”特质。对于世外中学的办学定位，从一开始，罗校长就是清醒而冷静的。在以往的教育生涯中，她的感触太多了。教育国际化，不是西方化，不是找几个外教，多开几门外语，也不是简单地引进国外课程，办国际学校。在20年的办学实践中，学校几经修订，终于确定培养目标为培养热爱祖国、崇尚礼仪、会学善学、学识广博、奋发进取、勇于创新、具备国际意识的“有教养、有竞争力的国际人”。世外办学理念强调的是，以国家利益为出发点，以培养中国需要的国际化人才为目标，为培育大批有国际视野，通晓国际规则，能够参与国际事务和国际竞争的国际化人才打好基础。世外中学的学生，要具备“小眼睛看世界”的态度，立足自己的祖国与民族，用更加宽广的胸怀，更加开放的心态去了解、感受国外异族的文化传统。不能把我们学校办成为洋高考、洋应试服务的培训班，也不能把学校办成单纯为国外高校名校接轨的跳板。重要的是，这些办学思想，在20年的办学过程中，不断得到强化、深化，不断成为全体教师甚至学生与家长的共识，不断地融化渗透在学校的文化、课程、活动里面。

三是在中外课程交流、碰撞、融合、创新过程中，探索世外的办学模式与课程体系。

现在会演绎教育理念的太多，能把理念转化成有效操作实践却太难。世外中学的成功，就在于把理念演化成自己的办学模式与课程体系。这是适用于世外中学学生和老师的，与众不同的办学模式与课程体系。

20年来，学校坚持实践“强化英语、试验双语、探索多语”的外语教学的特色。世外外语教学不仅是在传授语言知识，而且是在学习世界的文化。如大量的各国文化周活动，既锻炼了学生交流沟通的才能，同时也激发了学生对各国文化传统、风土人情的兴趣。多种语言能力的培养，使世外毕业生备受青睐。

近年来，学校利用自己独有的资源优势，特别是外语和信息技术两门强势学科，在中外课程的交流中碰撞，在碰撞过程中融合、创新，形成了世外DP课程的本土化运作模式。其中，强化祖国的语言文字、文化传统是世外高中课程的特点之一。以模拟社会活动为项目任务的主题学习、自主学习、体验学习，又是世外高中课程的重要特点，旨在培养学生的研究能力、演讲能力、国际视野以及话题调研和文书写作能力等。国内外各种学生竞赛、比赛、夏令营等活动，也成为锻炼其走向世界、提升生存能力、发展能力的重要学习方式。

而走入祖国的中西部、大别山的支教活动、内蒙古草原的成人仪式，让学生们真实地体验到祖国的辽阔和社会的差异，这种深入内心的国情教育，为国际课程扎下牢固的民族根、中国魂。

个性化的特色课程与丰富多彩的交往活动，重视学生的过程经历和亲身体验，为每一个孩子创造机会、搭设平台、提供支撑。这样的校园生活的积累，使世外学生呈现出鲜明的爱心、优雅、大气和自信的性格特征。这是对中外课程融合创新，有血有肉丰满操作的结果。

四是有一支年轻的、热心教育改革、专业化程度高的教师队伍。

办好学校的根本要素是好校长和好教师。20年来，罗校长最大的功绩就是亲手带出了一支优秀的教师队伍。这支队伍很年轻，基本学历并不高，但队伍的向心力强，对学校办学理念认同度高，自主学习研究能力强，改革热情特别高涨。

罗校长擅长人性化的管理，对每位教师都倍加信任关怀，营造了世外如家一般的温馨友爱。教师们把她和席时亨校长亲切地并称为“罗爸席妈”。同时坚持原则，以身作则，注重指导，造就了世外严谨的秩序与踏实的风气。为此学校明确提出了“求真、团队、友爱、进取、创新”五大学校精神。

对许多初任教师，校长们几乎都是手把手带教。对骨干教师，学校争取各种资源，送他们出去培训，增长见识与才干；还创造机会让他们在国内外各种教学论坛、竞赛平台上锤炼、展示。在罗校长的带领下，学校形成了分享合作式的教研方式。教研活动围绕着开课、讨论、磨课，不断完善授课策略，有的还能将教研活动的精华编成教学的案例，供大家使用。

一批批的教师成长起来，成为特级、高级教师，荣获各级各类教学大奖，并主动承接国家和市级的改革试点项目。

好学校的成功是长期积累的过程，好风气的形成、好教师的成长也是不懈的坚持努力的结果。当然这都要有外部环境让他们有自主放手办学的机会。品牌效应来之不易。如今罗校长已经交班给厉笑影、陈勇两位校领导，年轻的继承者同样有朝气、有品位，更重要的是他们有着与老校长一同创业建校的经历，有着与老校长一脉相承的办学思路与理念，也有着老校长为人处事的大家风范。可以相信，世外中学的未来发展是值得期待的。

序三

桃源，源心而生

王懋功

初识世外中学罗佩明校长，是在上世纪90年代中后期。当时，徐汇教育界都知道领导引进了精通外语的资深校长到世外中学担任首任校长。因为自己英语一直学不好，所以对外语教师从心底里感到敬佩。当得知罗校长是北大毕业的德语特级教师，崇敬心情更是油然而生。1998年到教育局工作后，对于这样一位近乎完美的校长，我是用敬重的心态和仰视的眼光与之进行工作沟通和事务接触的。

值得庆幸的是，罗佩明校长不仅坚持原则、独立刚毅、充满理想，还是一位尊重领导、善待下属、充满睿智的优秀校长，更是一位风度优雅、言行大气、充满温馨的智慧校长。与这样一位德才兼备的长者共事，每次交流都是一次学习。慢慢地，我对罗校长有了更全面的了解，我们也从工作的同事变成了可以交心的朋友。今年，罗佩明校长到世外中学已经20年了，用她自己的话说，这是一生中最快乐的20年。非常有幸，在这20年中，我始终陪伴着罗校长和世外中学一起前行，一起见证了这20年的快乐！

如果用时间轴来概述，罗校长在世外中学的20年，应验了“5年立校、10年立名、15年立志、20年立言”的发展预期。发展是学校历久弥坚的奥妙所在，世外中学立志要办百年名校，每一个五年就是一级台阶。罗佩明校长带领世外中学的团队扎扎实实地迈过了至关重要的前四级台阶，把徐汇区南部一所公建配套的新学校办成一流名校，实现了新校变名校的跨越式发展，为世外的百年发展战略奠定了厚实的基础。可以想象的是，当看到自己创办的新学校茁壮成长，罗校长是无比快乐的。

如果用纵深度来反映，罗校长在世外中学的20年，体现了从英语课程到二外课程，从外语课程到双语课程，从中国课程到国际课程持续推进的课程建设进程。课程是人才培养的核心，课程建设是教育内涵发展的重点。民办学校的发展优势，除了体制灵活、招生优先、经费保障以外，更重要的是拥有吸引学生的特色课程，这是育人的关键所在。形成外语特色是外语学校发展生存的生命线，罗佩明校长与她的同事们紧紧抓住课程建设的“牛鼻子”不放，构建具有世外特色的、多样化的学校课程体系，努力践行培养“走向世界的现代中国人”的办学目标，始终走在上海教育课程建设的前列。可以想象的是，当看到一批批具有国际视野、中国情怀的学子从世外中学自信地走向社会，罗校长是无比快乐的。

如果用首创性来提炼，罗校长在世外中学的20年，经历了两次体制改革、两个角色转变的严峻考验，丰富了上海教育改革首创的历史。从名师荟萃的上外附中校长，到从无到有的转制学校世外中学校长，罗校长迈出学校体制改革首创的第一步。当时，世外中学刚刚起步、困难重重，但是转制学校的政策优势使得学校跨越发展、从小到大。从声名鹊起的转制学校，再到民办世外中学，罗校长带领世外人勇敢地迈出了学校体制改革首创的第二步。当时，民办世外虽前途未卜、疑虑重重，但是民办学校的体制优势使得学校扬长避短、从大到强。罗校长领导世外中学两次成功的体制改革，在老百姓中赢得了一流好学校的口碑，确立了徐汇民办教育在上海公认的优势地位。同样，从罗校长到罗董事长的角色转变，也是民办学校领导体制改革的首创。由德高望重的教育行家担任民办学校的常务副董事长，是徐汇教育促进民办教育健康发展的改革实践。这种首创既确保了民办学校举办者的办学法律地位，也体现了民办学校遵循教育规律办学的育人本质。可以想象的是，当看到世外中学的改革首创精神，始终引领着上海教育体制机制改革的发展浪潮，罗校长是无比快乐的。

如果用使命感来追溯，罗校长在世外中学的20年，是她70年人生经历和社会阅历的精彩展现。罗佩明的家庭教养、求学背景、留学经历、职业生涯，以及刻骨铭心的十年浩劫，铸就了她向善的为人、典雅的教养、开阔的视野、坚毅的性格，以及五六十年代培养出来的中国知识分子特有的报效祖国的强烈使命感。这种使命感恰逢改革开放的大好时光和徐汇教育和谐向上的区域文化，充分激发了罗校长"士为知己者用"的责任感和紧迫感。她倾注全力融入到创建世外中学的改革发展浪潮之中，以只争朝夕的精神状态，去实现培养具有国际视野和世界眼光，又具有铮铮硬骨和浩然正气的现代中国人的办学目标。20年来，罗佩明成就了世外中学，而世外中学同样承载了罗佩明沉甸甸的教育使命。可以想象的是，当看到世外中学正在实现自己毕生追求的"人的教育"的使命，即人文精神、人格养成、人生发展的教育，罗校长是无比快乐的。

春华秋实、薪火相传，世外中学的“帅印”已经传到罗校长创办之初引进的新教师厉笑影和陈勇的手中，学校也被一届又一届师生称为美好的“世外桃源”。我坚信，世外中学在未来10年、20年乃至100年，罗佩明校长心中“快乐”的人生哲理，“参与、实践、合作、创新”的办学理念，培养“走向世界的现代中国人”的目标一定会代代相传。

目 录

附　录

Chapter 01

第一章

光阴荏苒　初心不改

早春，期盼迎春、连翘、桃花、樱花次第而开；

盛夏，宿舍外一片葳蕤，蝉鸣频频，鸟啼不已；

暮秋，行色匆匆的道边，金银杏叶铺成了地毯；

隆冬，大雪砌满了石舫，迎来银装素裹的世界……

大一那年的新年，有幸在北大遇见了这样的场景——未名湖结起约半米厚的冰，燕园中毫不起眼的小楼或是一个举世闻名的研究基地。安静自然的氛围下积淀着百年的沉浮沧桑，端正、典雅的气质和梦里的一模一样。

倘若问起当年的我，全国最美的大学是哪一所，你会听到毫不犹疑的“北大”。现在想来，不知心底对母校的拳拳真情，有多少是因为这百年盛名，又有多少是源于自己再也回不去的花样年华。那刻苦拼搏的求学时光，是封存在记忆深处的白月光。20 年过去了，不禁将此生最快乐的记忆尽付于现在的桃源——正值弱冠之年的世外中学。

一、聚散离合的童年

1942 年 1 月，我出生在上海南阳路。拍这张全家福时，我刚满五岁，正在读小学一年级（我没念过幼儿园），哥哥大我三岁。仔细端看着这张童年时代的家庭合影，相片上的其他三人——父亲、母亲、哥哥都已相继离世，唯独留下了 73 岁的我。这张摄于 1947 年的全家福，定格了我一生中最为美好却又十分短暂的幸福时光。每每想起，总是忍不住唏嘘惆怅，唯有泪千行。

1947 年，罗佩明与父母、哥哥的合影

我的父亲罗文杰（号念曾）少年丧父，是我的祖母在南洋烟草公司当卷烟工，日以继夜地倒班劳作，供他读书，继而把他抚养成人的。在艰苦的家境中，父亲很懂事，也很勤奋。他曾就读于著名的法国天主教会圣芳济学院，毕业后又考入雷氏德专科学院。父亲成绩优异，屡获奖学金，在很大程度上减轻了祖母的经济压力，也为他日后的事业发展奠定了良好的基础。我的母亲张瑞田，是一位出身江苏镇江的大家闺秀，贤良淑德、知书达理。她毕业于原上海智仁勇女中（高中），曾和父亲同为旧税务局的同事。婚后，母亲相夫教子，孝敬婆婆，与人相处和睦，是公认的好媳妇。

在我出生前后，父亲就职于上海一家小型贸易公司——中奥公司。在他担任小职员期间，家庭经济比较拮据，他用起早摸黑、勤勤恳恳所挣来的微薄收入养活一大家子，着实不易。父亲工作敬业，为人忠厚，业绩卓著，后来逐步晋升到了经理的职务，家庭的生活状况方才略有改善。

1949 年新中国成立前夕，父亲的公司远赴香港发展，父亲不得不抛下老母、妻儿，背井离乡。我清楚地记得，年幼的哥哥和我被屋外震耳欲聋的枪炮声吓得魂飞魄散，我俩紧紧依偎着祖母、母亲，全家老小一起躲在餐桌下，谁都不敢吱声。当时家中幸有刚成年的堂兄——大伯的儿子在旁壮胆，总算让我们一家老小平安地度过那令人胆颤的枪林弹雨之夜。

父亲孤身一人在外拼搏，心中愈发惦念着一家人的团聚，不时催促我们老小早日赴港。经父亲的极力促成，在上海的我们克服了种种困难，通过购买“公债”换取了赴港通行证。1950 年春，母亲扶老携幼，带着祖母和我们兄妹，在堂兄的陪同下，自上海搭乘火车经广州到深圳，再从罗湖至九龙，似逃难一般几经周折，抵达了目的地——香港。明日隔山岳，世事两茫茫，我终于见到了自己日思夜想、无比深爱的父亲。女儿跟父亲总是最亲的，我暗暗祈求：再也不要让我们家人骨肉分离了！

从此，我们一家五口总算可以在同一屋檐下团圆了。由于父亲任职的公司规模从一个发展到两个，他不得不每天早出晚归，这使得我真正能见到他的时光少之又少。一家人的衣食住行，全由母亲打理。

那时的我才 8 岁，在住所山下的一所教会小学上四年级。在学校，除英语以外的所有学科都以粤语教学。在日常生活中，我用广东话进行沟通并不存在障碍（因我的父母年轻时也曾在粤生活，我和哥哥自幼在家就讲广东话），但要我以粤语来背书，尤其是背诵古文，真是困难重重。所幸的是，母亲一直给我耐心细致的帮助，从字音到词义，从口语到书面语，她都事无巨细地为我做好“家教”，帮我跨过了语言这道坎，使我在学校里始终品学兼优，总能受到老师、同学的夸奖和喜爱。除了校内的学业，母亲还很重视对我们兄妹课余兴趣特长的培养——哥哥每天下课后练习羽毛球，我则每周一次请老师来家教授钢琴。应该说，母亲在我们兄妹二人的身上倾注了满腔的母爱，尤其重视我们的身心发展。现在回想起来，几十年后我能有今天的发展，应当感恩于母亲为我从小打下的基础。

20 世纪 50 年代，罗佩明与祖母、哥哥的合影

天有不测风云，人

有旦夕祸福。1951年5月的一天上午，天色昏暗，层层乌云笼罩上空，还不时有震耳的雷声和夺目刺眼的闪电夹杂其中。我突然被学校训导主任从课堂里叫了出来，他对我说："收拾书包，马上回家。"出什么事了？为什么平时和蔼可亲的老师语气那么严肃、强硬？我拉了拉上衣，害怕即将来临的倾盆大雨会落在自己身上，带着满腹疑惑使劲往家的方向飞奔。我跑到家中，只有干妈——父亲的公司同事、一位知心的上海大姨在。她心急火燎地告诉我："你父亲病危了，祖母和母亲都已到医院。"原来，她是来接我和哥哥赶去父亲那里的。年幼的我们顾不得消化"病危"二字的真正含义，就跟随她赶到了父亲所在的医院。

踏进病房，祖母、母亲、堂兄都在场，原来父亲因心肌梗塞、脑血栓，已不能动弹、无法言语，生命危在旦夕。哥哥和我站在他的病床前，呆呆地注视着他，不禁害怕地哭了起来。父亲见我们都哭了，努力举起右手，颤颤巍巍地摸了摸我的头，然后用尽全力伸出双手作看书状，又把"书"放在了胸前。我终于明白：这是父亲挣扎着给我们兄妹的临终嘱咐，示意我俩"要好好读书"。我默默地点了点头，泪闸止不住地轰然打开……

父亲永远地闭上了眼睛，我旋即一阵天昏地暗，忍不住对着苍天喊：上天啊，我的爸爸是个好人，你为什么要轻易地把他带走？难道我每天早晨的祷告还不够认真虔诚吗？亲爱的爸爸，我们好不容易团聚一起，为什么才没多久你就撇下我们不管了？女儿是你的心肝，你走了以后谁来疼爱我们，谁来养活我们啊？心中的堡垒已然崩塌。

那年我9岁，本该处于无忧无虑的年纪。父亲的早逝在我幼小的心里，埋下了对老板怨恨的种子：父亲是为没日没夜的工作耗尽最后一口气的，我恨公司老板的无情、冷酷。这一切让我暗下决心：

我一定要发奋学习，不辜负父亲的嘱咐，好好做一个有出息的人，为父母争气！

疼爱我的父亲走了，我仿佛一下子长大了、懂事了。我知道：自己要更发奋、更坚强，将来为父亲争气。

父亲去世后，家庭生活的重担全压在了母亲一个人的肩上：要供一家人吃饱穿暖，要侍奉年迈的婆婆，还要教育未成年的子女。面对父亲公司提供的几个选择——留在香港、迁居澳门抑或回到上海，母亲义无反顾地作出了“在上海分公司担任会计”的决定，这也在不经意间注定了我们一家老小今后一生的命运。1952年，母亲再次扶老携幼，怀着对共产党领导下的新中国的信赖，举家由香港辗转回到上海。

随着母亲的头上添了白发，脸上多了皱纹，我亲眼看到：吃苦耐劳的母亲每天白天上班，夜晚马不停蹄地到夜校补习簿记；我亲耳听到：从未工作过的母亲，承受着工作中的压力与政治上的无知，不得不在夜深人静时独自啜泣；我亲身体会：贤惠朴实的母亲努力展现自己独当一面的坚韧、刻苦，始终坚强地替代父亲，一个人挑起了照顾全家人的重担。母亲这一担，就再也没有松过手。即使在如此艰难的情况下，母亲还坚持每月贴补经济困难的三姨。我清楚地记得：每月的5日是妈妈公司发工资的日子，每到那天，她总是回家很晚，因为她下班后要先和三姨会面，把钱交给三姨。坚持数年后，妈妈退休了，我便和我的先生接过了这个担子，每逢月初代替母亲给三姨送去生活费，直到老人家离开人世。母亲以她的善良、宽容、吃苦耐劳，潜移默化、言传身教地影响着我，成为我做人的楷模。

我爱母亲，更心疼母亲。时年10岁的我知道自己唯一能为她做的就是在校做一个好学生，在家当一个乖孩子。我发誓要努力学

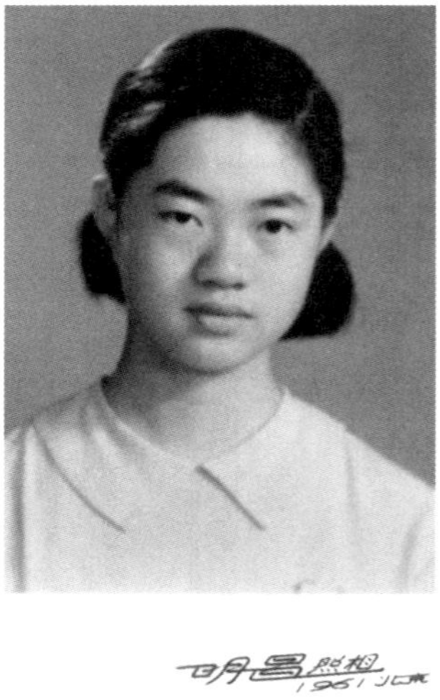

20 世纪 60 年代的罗佩明

习，为她争气，一定不能给母亲添麻烦。当发现自己的灵巧、懂事能给疲惫不堪的她带来些许心情上的安慰时，我便要求自己：每次考试、每门功课都要拿到满分。哪怕有时得了 99 分，当母亲问及考试情况时，我都会内疚地表示："这次我没有考好，被扣了 1 分！"现在回想起来，我这辈子"追求完美"的性格也许正源自于此。这一段童年时光，是我真正懂事的开始，"努力读书，奋发有为，认真做事，老实为人"成为我一生的座右铭。

此后，我在静安区协进女中（后与另两所女中合并，改名为培进女中）这所私立教会女中度过了初高中六年的学习生活。女中的学生独立好强、思想开明、性格爽朗，让置身其中的我养成了努力求知、大胆上进的品格。至今，我仍留恋中学阶段的老师与同学，脑海里常常会浮现出当年每一个人的身影。依然欣赏学校的学习氛围，也喜爱中学时期的自己——阳光自信、无拘无束、充满热情。

在女中，我感受到了高雅的校园文化，锻造了努力认真的学习态度，培养了全面多元的兴趣爱好，养成了活泼开朗的个性特质与彬彬有礼的待人接物作风。在女中，老师与学生、学生与学生，和睦相处、彼此友爱。放学后，同学们都留在教室里完成当天的书面作业，然后一起参加自由愉快的文体活动，如观看各种校内球类比赛，为场上的队员鼓劲喝彩，那时身边就有不少某篮球队员的忠实"粉丝"。回忆起来，女中的许多学生还真有些当今"女汉子"的特点，正直、爽朗、热情，惹人喜爱。学校周围有好几个电影院，优秀的中外影片纷纷上映，我和同学们常在午饭后买好票，放学后成群结队地去看电影……丰富多彩的课余文体活动，增加了我们的学习兴趣，在拓宽知识面的同时更使人身心愉悦。

一年又一年，从年少无知到自我立志，我始终坚信：当自己有了坚韧不拔的毅力，当自己愿意为了一个个小小的目标慢慢去努力，用时间去争取遥远的未来，往往最后取得的成就会比那些领先一步的人还要多。1959 年夏，我高中毕业，以高分考取了北京大学西语系德国语言文学专业。这一喜讯令我们全家喜出望外，一家老少均为之兴奋、激动、感恩。从此，北大为我开启了人生第二个重要阶段。

二、北大五年

被令无数人向往、全国数一数二的最高学府——北京大学录取的消息传来，真让我有点受宠若惊、不知所措。北大在我心目中的地位至高无上，其学术层次之优秀、文化氛围之典雅，绝不亚于如今出国留学生热衷的哈佛、耶鲁。蔡元培老校长“兼容并蓄”的教育思想，深深影响着一代又一代北大人，这也成为了我日后人生成长、办校治学的准则，在一定程度上铸就了世外“爱心、优雅、大气”的名片。

北京大学校园大气、优美，风景如画。一栋栋古色古香的教学大楼掩映在绿阴丛中，清澈的未名湖衬托着美丽的博雅塔，使之既有皇家园林的宏伟气度，又具江南山水的秀丽特色。北大的优美风光培育着北大人的高雅情趣，满溢着芬芳书香的大图书馆是北大学者与学子最钟爱的学术圣地。清晨、中午、傍晚，涌动的人群摩肩接踵地穿过这里。温文尔雅的学子们夹着各地口音的普通话，一边走一边讨论着人生、学术、政治各类话题、古今中外各家思想……当年，我们下课后、吃晚饭前都急着提前到大图书馆占好座位，而我所在的西语系就坐落在图书馆的隔壁，当然得以近水楼台先得月了。去图书馆学习成为了我们的习惯，大家在这宁静、优雅的环境中博览群书、潜心学

1959 年的北大未名湖，罗佩明摄

习，谁还会“不务正业”，不知珍惜时间呢？

如果不巧遇到“大图”满员了，我们就悻悻地赶往其他阅览室。为了节省来回时间，我学会了骑自行车，从亲戚家里借来一辆旧车后，便在校园里穿梭前行。那个年代，自行车是稀罕物，这么一辆破车，就足够引起徒步同学的羡慕了。北大有一个专门阅读报纸杂志的阅览室，全国各地出版的书报应有尽有。此外，各系都有大大小小的教室供同学们自主学习。到了冬天，较冷的小教室里还会生着北方特有的蜂窝煤炉，大

1959 年，罗佩明与北大同学合影

家一边读书、一边取暖，别有一番风味。总之，北大的确是爱读书、求上进者陶冶情操的宝地。无论课后、晚上，还是周末，我都尽可能地留在图书馆、阅览室，如饥似渴地汲取丰富的精神养料，用知识充实和武装自己。

入学不久，我有幸入选西语系小合唱队，参与排练本系高年级同学自编自导的原创歌曲，接着，我又被推荐进入了由全校各系一百多人组成的“毛主席诗词”大合唱团。我们请来了原中央乐团的著名指挥家李焕之、严良堃参与指导，伴奏是北大的学生交响乐团。我们都被要求：这一年的寒假不许回家过年，只为参加比赛而留校排练。虽为自己第一年离家学习便无法回家探望长辈而遗憾伤心，但所有这一切满载着集体荣誉感的活动，令曾经满心“死读书”

北大求学期间，罗佩明与同学登长城

1959 年，罗佩明参加北大西语系合唱队演出（前排左一为罗佩明）

的我大开眼界、兴致倍增。一到周末，学校大礼堂和梯形教室会安排大型剧团前来演出，或邀请名人来办讲座，我一直积极参与其中，确实感到受益匪浅。四年级时候，我被选为系学生会文娱部部长。在每月组织一到两次周末舞会，每周进行一次小合唱队活动中，自己的能力、品位得以进一步提升。当年，西语系组织的舞会总是全校师生最为青睐和最受欢迎的活动项目，因为“洋味”足、女生多、水平高，始终深得人心。

在北大五年，我钟爱专业课的学习，从不懈怠。北大西语系拥有全国首屈一指的德语教授，并聘请外教任教德语精读、泛读、口语、文学选读、德国概况等课程。我有幸得到冯至、田德望、张玉书、赵荣恒、安书祉等前辈的赐教，这是我一辈子的荣幸。听他们的讲课真是一种享受，从语音、语调到语言、文学修养，从严谨谦逊的治学态度到清简质朴的生活方式，都让我钦佩万分。至今，我仍与这些优秀的前辈保持联系，逢年过节，一定会毕恭毕敬地送上学子的祝福。在老师们的影响下，我渐渐懂得了：在北大学外语，不仅要学好语音、语法、词汇，还必须具备丰富、多元的知识面，培养分析、判断等逻辑思维能力。真是功夫不负有心人，在导师的精心栽培和耐心启迪下，通过五年的大量阅读、刻苦学习，我在专业学习上有了很大的长进，学习成绩稳步提高，思想境界也得以开阔。

大学学习期间，我也有自己的缺憾。记得在入学第一年，我们被安排到京郊参与建设密云水库，主要任务是挖土、挑石、修路。我们几个来自上海的娇弱“小姐”，实在没法与农村出身的同学媲美。他们可以挑着满满一筐石头，健步如飞地送到远在百米外的终点，返回时还提溜着轻担，随口编吟一首七绝打油诗互相打趣。而只会面面相觑的我们往往没走几步就大汗淋漓、气喘吁吁，哪里还有吟诗作赋的雅兴？我们自认尽了百分百的努力了，但在劳动结束总结时，往往又成了受批评的对象，身上和心头倍感压力巨大。三年自然灾害期间，我们被安排下乡劳动一学期，生活条件之艰苦是难

北大求学期间，罗佩明与同学在未名湖畔合影

以想象的——我们吃的是榆树叶做的馍，挑的是百斤重的担。“入不敷出”的我，不幸感染了肝肿大、浮肿病。值得庆幸的是，尽管有许多困难，我仍以积极的心态来看待这一切，开始鞭策自己要艰苦努力、坚强奋进，并且主动要求入党。这些都对我今后的成长带来难以估量的意义。

银杏落了会再长，老一辈同学终要散场，新一届学生将会到来，但这段时光，像一本书翻开合上，所有的离合悲欢都录入字里行间，叫人永生难忘。五年后，我以优异的成绩顺利从北京大学西语系毕业。按照惯例，北大的毕业生大多被分配在黄河以北及北京的部委里工作，因为我非工农出身，有海外社会关系，最终被分配到教育部新开办的上海外国语大学附属中学当德语教师。基于自己从小深得老师的喜爱，对教师这一行充满了好感，我毫不犹豫、高高兴兴地开始了自己的教师生涯。伴随着杨柳依依、夏蝉声起，我翻开了生命中的新篇章。

三、在上外附中的日子

1964年9月，我站在了上外附中首届初中德语班的讲台上。对于当一名中学教师，我虽缺乏心理准备，但并不反感。因为从小到大的每一个读书阶段，我都有幸遇到了不少才华横溢、可亲可敬的老师。对教师这一职业，我发自内心地仰慕。从踏上讲台的第一天起，我便暗下决心，要当一名像我的老师们那样业务精良、受学生喜爱的好老师。

中学的教育教学并没有想象中那么容易。首先，我面对的是十三四岁左右的初中生，中学生和大学生在生理、心理上是完全不一样的。其次，作为当时全国首批外国语学校之一的上外附中，在校长的领导下，研究、试验的是外语教学的“听说领先法”、“情景教学法”，强调培养学生的交际能力，要求老师上课都要用外语与学生交流，在真实的交际中教授语言，包括语法、词汇、语音等。这对我来说是极大的挑战。我在北大浸润了五年德语文学环境，什么歌德啊、席勒啊如数家珍，可是来到中学执教，以前学的古典文学一下子都没用了，整天研究的是“中学外语教学法”，这该如何是好？

幸有同事合作钻研、学生努力配合，我在教中学、在学中教。

校领导对青年教师的管理十分严格，我和同事们从周一到周五都被要求住校，每晚留校备课、编教材、辅导学生。一年下来，我们对外语教学的探索初步有了些眉目，甚至引起了国家教育部外语教育司的关注。1965 年，“全国中学外语教学研究会”在上外附中召开。会上研讨的一系列教学研究法，提升了我的教育理念，使我逐步懂得了在外语教学中培养学生运用语言加强交际能力的重要性。

正当我兴致勃勃地根据外国语中学的培养目标，努力转变自己的教学理念，研究适合自己专业与学生特点的德语教学内容、教学方法时，史无前例的“文化大革命”爆发了。

刚踏上工作岗位、意气风发的我一夜之间变成了“革命”的对象。昔日天真烂漫、嬉笑顽皮的一些学生一下子变得面目可怖、凶神恶煞。我被贴上了大字报，家里被“抄了家”。还有学生传言要让罗老师“享受”剃“阴阳头”的“待遇”。一时间人心叵测、各怀鬼胎，竟分不清对你笑的人是真的开心还是偷偷隐藏着刀子，人与人之间没有一点信任可言，内心感受到的唯有冷漠与孤独。

1966 年 9 月的一天下午，参加完教工大会的我，看到同屋的西班牙语老师被剃了“阴阳头”，胸前挂着“打倒资产阶级孝子贤孙”的字牌，被学生押着“游街”。惊慌失措之际，我凭着莫名的“第六感觉”，立刻从人群中消失了。我没敢马上回家，在外又躲又藏，整整逃了一下午。

初秋的深夜如同黑色的罩子，围拢在心头，那么沉重，那么狰狞。大街的路灯，似鬼火般跳动着，忽明忽暗，道路两旁的树木，被风吹得四散摇曳，咿咿呀呀，似哭泣声不绝于耳。我屏住呼吸，低下头，快步往家的方向走着，只想尽快逃出这无尽的漆黑。当我迈进幽深的弄堂，远远望去，只见家中不同寻常地灯火通明，政治上的敏感使我第二次逃走了。我想到了自己唯一可信赖求助的人——未婚夫冒怀功。由于我们尚未成婚，我不可能暂住在他家，于是他把我带到了可信的老朋友家——这是一对曾在德国留学、私人开业从医的基督教徒夫妇。老两口诚惶诚恐地来开门，只见平日整洁的房间，书籍杂物狼藉一地。我们讲明了来意，两位仁慈的老人面露难色地表示："红卫兵已在我家呆了三天，现在刚走。临走时，他们撂下一句话：'我们随时随地还会来的！'不过，现在顾不上这些了，你既然来了，就住下吧！"我含着感激的泪花，住进了他们家。

卧室的窗户正对着淮海路最热闹的地段，我整夜辗转反侧，耳边总是响着红卫兵敲锣打鼓、到处"打砸抢"的嘈杂声。我忍不住地想：万一红卫兵再次"造访"，连累了好心救我的老人家，后果会不堪设想……待天微微亮起，对面的邻居窗前竟挂着一个上吊自杀的人，万般情绪一齐涌上了我的心头，有惊恐、有怜悯、还有感激……

住了三天后，我再也呆不下去了，因为每时每刻都在恐惧红卫兵会再来，害怕自己牵连了两位老人。同时，我也放心不下自己的老母亲。听说学生来我家"抄家"时没找到我，就迁怒于我的母亲，逼迫她下跪，还用棍棒殴打她；连两个幼小的侄儿、侄女也受到了他们的欺辱……我满怀感恩之情告别了好心的老人，带着满心的歉疚与负罪感，忐忑不安地回到了家里，请求母亲、兄嫂的谅解。话还没说上几句，公用传呼电话亭催我去回电。原来是学生打来的，他们勒令我马上回校。我只得顿了顿心情，整理好自己的头发，穿上破旧的衣服，做好接受一切最坏情况的准备。我乘坐三路有轨电车，到外国语学院门口的车站下车。出乎意料的是，此时的我见到了自己最想见的人，是冒怀功（他也在上外附中工作，负责建校初期的基建）。他一把将我拉向学校相反的方向，据说学生们正手持棍棒和剃头剪刀等在学校。可如果当天学生见不到我，势必会在晚上再次去我家，情况将更难预料。在冒怀功的护送下，我们全家从上海一路逃到苏州、无锡。我的三次逃亡，冒怀功的两次营救，既保护了我们一家的安危，也挽回了我的一条命。我曾认真地表示过："如果我被剃头，一定会自杀。因为，我不能接受对我人格尊严的侮辱。"

在经历了好一番"逃亡"后，我的母亲被街道指名扫弄堂，我不禁感慨：母亲年事已高，倘若任她当街扫地，实在是女儿的不孝；假如自己代替她去扫大街，又难免羞愤难当。这种处境，让一贯清高、好强的我，深感无法言说的难堪、压抑与屈辱。正当左右为难之际，我校教研组的同事们站出来为我说情。他们找到了街道的同志求情："罗老师是刚刚毕业的年轻教师，没有什么问题。"加之母亲一直以来与街坊邻里友善相处，终于使我们一家逃脱了扫街之苦。暂时松了一口气的我迫不急待地一路跑、一路喊："妈妈，我回来了，快开门啊！"得知消息后，坚强无私的母亲眼含热泪，把我紧紧地搂在怀里，一时间忘记了外面的纷乱，在只属于自己的小天地里尽情享受着片刻的安宁时光，体验着患难之中的母女深情。

现在想来，这些勇于出面、为我作保的老师也多为血气方刚的同龄教师，唯有人性中善良的一面，闪烁出明亮的光辉，彰显了至美的德行，照亮了那段黑暗的岁月，给人以生存的信心和勇气。彼时自保尚属不易，但正是大家不间断地相互扶持、加油鼓劲，如同冬夜中的烛光，照亮彼此惊恐万状的心，搭建一隅容身之所，给予一次脱离惶恐、走向光明、继续求生的机会。患难之中见真情，这是人世间最为宝贵的真挚情谊！

1967 年 2 月，学校打砸抢风暴稍有缓和，我渴望建立自己小家庭的愿望日益迫切。在那人人自危的年代，有的人急于与亲人划清界限，甚至“大义灭亲”，而能冒着生命危险救人的，是何等的难能可贵。我需要爱，需要有人呵护，他值得我托付终身。于是，我对冒怀功说：“我们结婚吧！”不久后，我们在民政局登记了，与祖母、母亲、兄嫂一家一起吃了顿饭。在简朴的新婚之夜，我提着一个旧箱子，徒步去了他家，没有花烛、没有婚纱、没有仪式、更没有宾客，却有忠贞坚守一辈子的海誓山盟。

“文革”的“红色风暴”渐渐平息。林彪一声号令：学校停课，教师下乡劳动。于是，从小就规矩听话的我没找任何借口，和同事一起参与了下乡劳动，开始了对自己的努力“改造”。求学时代在北大的下乡经历，让我褪去了娇、骄二气，参与了整整十个月的宝山郊区劳动。那时，我们已生有一女，因两人同时都要下乡，孩子由母亲和专程从安徽来沪的婆婆照管。一岁多的娇弱小女，离别时哭着要妈妈，我的心都要碎了，但又奈何？到了乡下，平时是不能回家的，即使女儿出水痘、发高烧，家里打来电话，我也只能在收工后请假赶回去看上一眼，但当晚必须赶回宝山。

从宝山回沪后不久，我又被派往上外大学的安徽凤阳五七干校接受再教育。在那些地方，我学会了种稻（插秧、割稻、脱粒），学会了种棉花（撒种、除草、剪枝、打药除虫、摘棉花）。我常常赤脚站在滚烫的水稻田里拔秧、插秧，腰酸背疼自不必说，还有可怕的蚂蟥紧紧地袭来，使劳动中泡在水里的腿脚鲜血淋淋。

现在想来，下乡劳动中所受的皮肉之苦，比起“文革”中的精神压力，真算不得什么。其间，我亲眼看到安徽当地老百姓的艰苦生活和待人的真诚，朴实善良的他们，会在自己除了山芋还是山芋的情况下，赶到镇上为我们这些学校来的“高级知识分子”买肉吃，让我们备受感动。

在业务被荒废的十年动乱中，我学会了刻苦和坚强，心志得以磨炼，心胸愈发宽广。我想：黑暗本身并不可怕，可怕的是在夜行中迷失方向，找不到目标。即便景况不佳、前途未卜，唯有不丧失生活的信心和勇气，坚定不移地走下去，才能克服种种困难，再一次遇见光明。德国哲学家叔本华曾把人生道路比喻成一条铺满炽热火炭的环形轨道。他认为，人生就是绕着跑道一圈又一圈地奔跑着，双脚踩在炽热的火炭上面，在跑道中间只有几处清凉的落脚点，它被看作是幸福的地点。每个人都在不停地奔跑，总期望或许确实能碰到那清凉的地方，获得片刻的幸福的感觉，然而人们最终还是倒毙在炭火中。我觉得确实如此，不管人这一生活得多么辉煌亦或是多么窝囊，任何人都有他的难处。“文革”给我们这一代人打下的烙印太深太深，但从另一方面，这在很大程度上铸造了我们的品格和人生。

尤记得当年的学生——小谢，深受极左思潮毒害，他在“文化大革命”中盲目、冲动、无礼的行为，令我们全家的精神与人格受到了难以磨灭的伤害。“文革”后期，小谢参了军，在部队的大熔炉里接受了党的教育，终于意识到自己当年犯下的错误。一封封书信往来、一次次回沪探望，表达了他深深的悔意。组织上多次找我谈话，为他的入党、出国、提干等进行外调时，我都直言：“小谢没什么罪过，他和我一样，都是极左路线的受害者。更何况，他当年才十三岁，年纪还小，他是无辜的！”终于，小谢顺利入了党。复员后的他被分配到外贸公司，常驻香港工作。小谢在 80 年代末不幸得了不治之症，临终前，他含泪对我说：“罗老师，是您的宽容、善良，才造就了如今的我。这辈子没能做您的好学生，我只有把女儿托付给您，请老师一定多多关照……”我郑重地点了点头，眼泪也随之夺眶而出。

“文革”十年，惊涛骇浪，我们付出了太多的青春、热情与真诚；学校恢复招生后，我被委任为校教育革命组成员，任教了“文革”后首届德语班学生，重返岗位，拨云见日，静心思考，方感一切稳步前进。再登阔别已久的讲台，依然深感教师职业的崇高和责任，克勤克俭，无怨无悔。我始终相信，这一代人中的绝大多数，总是胸怀坦荡，不为金钱所诱惑，不为权力所动心，辛勤为立足之本，克己为国家分忧，鞠躬尽瘁，默默奉献。十余年的“被革命”经历亦铸就了我坚毅、包容、刻苦的个性品质，守得云开见月明，生活终于翻过了这艰辛沉重而又非同寻常的一页。

回顾那段艰难的岁月，1963 年，三年自然灾害刚结束，中国正酝酿着教育改革。高教 60 条、中教 40 条的相继出台，无疑吹响了改革的集结号。遵照周恩来总理的指示，中国必须加强与亚非拉国家的友好合作关系，首批外国语学校于北京、天津、南京、上海、杭州、武汉等地陆续开办。外国语学校创建初期，各地白手起家，困难重重。没有现成并适合中小学使用的外语教材，缺乏富有经验的外语教师，更主要的是教师普遍理念陈旧，教学停留在教学生拼单词、背课文、记语法上，课堂教学以翻译为主，学生只会死记硬背，不懂灵活运用，外语学习效率低下。

为此，上海市领导对上外附中非常重视。校长刘葆宏由时任市委宣传部部长杨西光亲自推荐、任命，所有抽调和分配到学校的教师亦是几经筛选，多由各区知名的教育教学骨干或出类拔萃的大学毕业生组成。上外附中成立不久，刘校长就把外语教学改革摆在学校工作的首位——从培养学生的外语交际能力及想象力出发，带领各语种教师，钻研先进的教育教学法，尝试自行编写校本教材。刘校长此举是一举多得——既培训了教师，又锻炼了学生。校长领衔之下，老师们挑灯夜战，劲头十足；同学们读书、活动，兴趣盎然。经过短短两年的努力，学校的外语教学取得了长足的进步，收获同仁和上级领导的称赞。在刘葆宏校长身边学习、工作的这段经历，给我留下了难忘的记忆。我开始思考并摸索，要开发什么样的教材，要用什么样的外语教法才能提高教学效率，这段工作经历也为我多年之后主持世外中学提供了弥足珍贵的经验。

党的十一届三中全会后的拨乱反正、正本清源，令各行各业把颠倒了的历史重新摆正归来，我的政治生活、教育教学也迎来了一片光明澄净的未来。和所有的同行一样，我想通过自己的努力、勤勉，把过去的遗憾弥补回来。幸运的是，国家教育部外事司为各高等院校（包括部分外国语中学）提供了出国进修的机会。我顺利地于 1981 年通过各种选拔考试，与来自全国各地的近二十名教师，前往德国歌德语言学院接受为期三个月的德语培训。三十多年前，得以参与这样高规格的培训，从国家层面来讲，是“文革”后首次打开国门的尝试；对于我们这些有幸被培训的人而言，则是令人羡慕的良机。

喜讯传来，我不禁感激涕零又五味杂陈：在那个一切强调“阶级路线”的年代，像我这样一个“出身不好”、又有“海外关系”的普通老师，怎么可能获得出国进修的机会？唯有在改革开放之后，党和国家珍惜栋梁之材，选拔、培养人才，平等地看待人才，用人才。想到这一切，我暗下决心：一定要紧抓时机，努力学习，把丢失的光阴和荒废的业务找回来。

在德国歌德学院的短期培训，使我受益良多。我发现：歌德学院极少进行单纯的理论研究，教学中也罕见机械地一问一答；学生的座位不是秧田式的纵横排列，而是常常让他们围坐成 U 字形。学生在德国老师创造的各种情景中，组织对话、开展讨论，表达各自的思想。一系列轻松而自由的游戏、小品，充分发挥了学员们的想象力，引导大家在做中学、学中用。我对课堂教学的核心产生了新的认识：其一，教师不应单向的灌输，学生也不能被动的接受；其二，创设结合教学内容的生动情景能有效激发学生的学习兴趣，提高教学成效；其三，语言学习必须强调学以致用，培养学生听说读写的综合运用能力。点点滴滴的经验累积在当时的附中以及十多年后的世外都派上了用处。

回国后，我结合培训收获和自己以往的经验反思，针对德语语法比较复杂，变格变位多、难上口、易出错等特点，摸索出一条教学新路，即：要上好外语课，教师就必须想方设法调动学生的思维，引导他们积极参与实践，大胆合作交流。而参与实践的第一步是要培养学生良好的学习习惯，鼓励他们大胆开口，对教学内容产生兴趣。当时的外语教学偏重讲解和翻译，忽视能力培养和实际应用。为此，我在教学中尝试采用“听说领先法”、“情景教学法”的应用教学，并根据德语语言的特点，创设了德语语法的交际情景，使情景、句型、语法三位一体。学生在真实的交际情景中，培养听、说、读、写的能力，从中理解和学习德语语法，起到学以致用的效果。由于所创设的情景多源自学生的实际生活，他们对此易于理解，也感到很有趣味，课堂中常常洋溢着活跃的气氛。

与此同时，我还编写了适合起始年级和低年级学生使用的教材，内容翔实、图文并茂，主题多贴近学生的年龄与生活，语言符合由浅入深的规律，这一新鲜出炉的教材自出版起就广受德语学习者的欢迎。事实证明，我在上外附中的实践与探索是正确而有效的。在学校毕业班学生参加的历届高考中，德语听说读写的成绩均高于其他语种。这一振奋人心的结果表明，“情景教学法”使听说领先，读写逐步跟上，最后达到听说读写的全面发展。这一小小的成功也启示了我：外语学习长路漫漫，只有在教学实践中坚持探索，不断寻找适合我国国情的教学理念和方法，才能使学生打下坚实的基础，取得全面的进步。

1985 ～ 1986 年，我又一次以优异的成绩通过出国选拔考试，被派往德国海德堡大学汉学系担任汉语教学的工作。我非常清楚此行自己所肩负的使命：我是一个中国人，承担着向外国大学生传授汉语、传播中华文化的任务；我又是一名德语教师，这是一次难得的出国深造机会。我知道，仅靠娴熟的德语和标准的普通话是不可能“征服”德国大学生的。传统教育中崇尚的“读书百遍，其义自见”在西方几乎不能立足，惟有先使学生对我的课萌发兴趣，才能调动他们共同参与教学活动的积极性。此刻，我在上外附中采用的“情景教学法”又有了用武之地。任教伊始，我便根据课文内容，不断创设他们生活中相对应的情景，让教学内容“走近”学生，让学生“走进”汉语环境的生活，启发他们在对话中学习语言，并要求他们逐渐接受“熟能生巧”的中文教育观念，踏踏实实地从熟练运用已学语汇起步，不断加深对课本内容的理解。另外，我还有意识地向他们介绍中国的历史与文化，运用图片、讲座等多样的形式，帮助德国学生了解开放中的中国、中德文化的差异、中华美食文化、华夏节日习俗等。

在与德国学生的接触中，我深切地感到，他们不习惯老师的“满堂灌”、“一言堂”，而是更乐意与教师、同学多讨论、多互动。这般强调趣味的课堂，对教师的备课要求其实是很高的。为了确保有备无患，课前我需要先确定下一次上课的主题，课余时师生各自查阅相关资料；上课时，他们有备而来，接二连三地抛出问题，然后师生共同讨论、交流，进而产生新的问题留待课后思考。总之，整堂课在不断地提问、讨论中愉快地度过。课堂上，德国学生兴味十足，积极主动地参与到各项活动中来；而我作为一名中国教师，既倍感自豪地宣传了本国的历史与文化，又在双方语言文化的交流碰撞中，摸索着中西方教育的平衡点，为自己接下来的任教之路拓展新的大道。

这段在海德堡大学的汉语教学经历，让我深刻地认识到：教学不是教师的“独角戏”，课堂教学的精髓在于对话，包括师生之间的对话，学生与所学内容的对话，学生与自己、学生与其他同学的对话等。同时，我更开始思考并关注语言教学的文化性。在与德国学生的接触中，我深感外语教学绝不是语种的单纯输出，而是需要体现语言上的交际和文化上的沟通，引导学生感受并领悟目标语国家的文化现象和文化内涵。

1988 年，我结束了海德堡大学的教学和进修，回到上外附中，接受下一项全新的挑战。由上级领导提名，群众民主选举，我被委任为上外附中校长。这在当时的上海普教界尚属首例，一时引发轰动，《文汇报》还专门为此登载了相关消息。初上任时，我曾立下心愿：在任期里，要重振上外附中的雄风，建设一所优质的学校。经历六年风雨，自己卧薪尝胆，终不辱使命，学校的教育教学大踏步前进，以一流的师资、上乘的质量，收获了社会各界的好评。鉴于在上外附中的工作业绩和突出表现，我于 1989 年被评为上海市劳动模范，有幸受到市领导的接见；1994 年又荣获特级教师的称号。

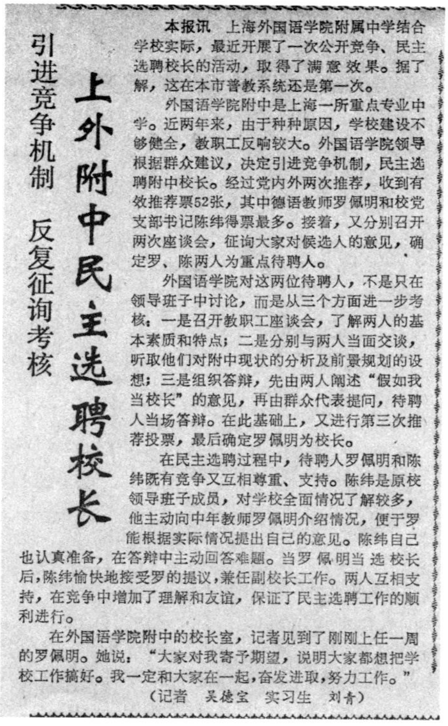

引进竞争机制　反复征询考核

上外附中民主选聘校长

本报讯　上海外国语学院附属中学结合学校实际，最近开展了一次公开竞争、民主选聘校长的活动，取得了满意效果。据了解，这在本市普教系统还是第一次。

外国语学院附中是上海一所重点专业中学。近两年来，由于种种原因，学校建设不够健全，教职工反响较大。外国语学院领导根据群众建议，决定引进竞争机制，民主选聘附中校长。经过党内外两次推荐，收到有效推荐票52张，其中德语教师罗佩明和校党支部书记陈纬得票最多。接着，又分别召开两次座谈会，征询大家对候选人的意见，确定罗、陈两人为重点待聘人。

外国语学院对这两位待聘人，不是只在领导班子中讨论，而是从三个方面进一步考核：一是召开教职工座谈会，了解两人的基本素质和特点；二是分别与两人当面交谈，听取他们对附中现状的分析及前景规划的设想；三是组织答辩，先由两人阐述“假如我当校长”的意见，再由群众代表提问，待聘人当场答辩。在此基础上，又进行第三次推荐投票，最后确定罗佩明为校长。

在民主选聘过程中，待聘人罗佩明和陈纬既有竞争又互相尊重、支持。陈纬是原校领导班子成员，对学校全面情况了解较多，他主动向中年教师罗佩明介绍情况，便于罗能根据实际情况提出自己的意见。陈纬自己也认真准备，在答辩中主动回答难题。当罗佩明当选校长后，陈纬愉快地接受罗的提议，兼任副校长工作。两人互相支持，在竞争中增加了理解和友谊，保证了民主选聘工作的顺利进行。

在外国语学院附中的校长室，记者见到了刚刚上任一周的罗佩明。她说：“大家对我寄予期望，说明大家都想把学校工作搞好。我一定和大家在一起，奋发进取，努力工作。”

（记者　吴德宝　实习生　刘青）

1988 年，罗佩明经民主选聘担任上外附中校长，图为当时《文汇报》的报道

学校蒸蒸日上之际，我突然接到了两期校长届满须离职的通知。我永生难忘与附中学生离别的场景：那天，我为自

已亲手带的初二学生上了最后一堂德语课，见台下的学生们眼眶红红的、噙着不舍的泪花。十多岁的孩子不理解为何罗校长就突然不教我们了，伤心地抱成一团，甚至泣不成声。我站在讲台前，刹那间，往事一齐涌上心头，苦涩与甘甜、理想与现实、执著与追求、辛劳与收获……那节课的黑板上留下我用德语写下的一行字：Ich danke euch, meinen lieben Schuelern.（感谢你们，我亲爱的学生。）那一刻，我明了：我可以不做校长，但不能离开教育事业，更不能离开学生。1995 年，上级领导给了我一年学术假，派我到汉堡的三所姐妹学校（高级文理学校）任教汉语。这一年的海外教学，使我对两国不同的教育理念和教学方法有了更为深刻的理解。

在汉堡，外国同行曾关切又好奇地问我："你对于任教德国中学生，有思想准备吗？"我不解地看着他，有点茫然。很快我便"领教"了他的言下之意。

一次，我给一初学汉语的七年级班级上课。根据既定的教学计划，我花了整整两天时间精心备课，光教案就准备了一大摞，自认有备无患、信心满满。当胸有成竹的我走进教室，与那些孩子打开话匣时，一个小男孩"先发制人"："老师，今天我们不想背汉语单词了，请您给我们介绍一下中国怎么样？"我立刻意识到，这是他给老师的"下马威"，然而这样的要求合理，难以拒绝。于是我稳了稳心神，欣然应允，心想：十多岁的孩子能提什么大不了的问题，无非是考考老师的德语水平罢了。容不得我多加思索，学生们的问题就接踵而来："在中国学德语的学生多吗？""中国孩子几岁上小学？""他们中能有多少人上大学？"即便我再从容应对，也架不住随后的问题越来越深刻、尖锐，如："老师，中国为什么一对夫妻只能生一个孩子？""中国政府对环境保护采取什么措施？"接着，孩子们甚至谈到了台湾、西藏等敏感问题，以及中国人的收入、住房等现实生存状况。倘若在海德堡大学任教期间，从大学生口中涉及这类问题，我一点也不觉得奇怪。可眼前这群十二三岁、稚气未褪的德国孩子俨然像一位位探究世相的学者。在对他们的求知欲和知识面刮目相看之余，我尽己所能，逐一给他们答复。这一经历也再次引起我对课堂教学、对教师角色定位的反思：教师对于教学过程不仅要有课前预设，还必须注重动态生成。这就要求教师尊重学生对各种生活现象的理解，需要教师倾听、鼓励学生的质疑，开展师生间的平等交流，促进学生的主动发展。

还是在那所中学，我任教十年级学生的汉语写作课。同学们虽说学了两年汉语，但仅凭每周两课时的学习，汉语水平和能力都是有限的。一天，我进入教室，一边在黑板上布置作文题目《我的家庭》，一边心想：每个人都有各自的家庭，应当有话可写。孰料这一题目引起了学生的反对，认为写这个没意思。他们更愿意各人自选一个与中国有关的专题，自己查找资料，进行写作。我听后，心里一乐：让你们“好高骛远”去吧，看你们能写出什么论文来！于是，他们在我的默许之下，饶有兴味地开始了专题研究，选择的题目诸如中国的饮食文化、佛教的起源和发展、中医与针灸、万里长城的建造和现状、中国美术史、中国书法等，可谓五花八门，应有尽有。几周后，文章写成，摆在我的案头。我翻阅了一下，这哪里是什么作文，句子结构颠倒不算，还夹杂着不少德语单词、句子，需要我来译成中文，修改病句，比自己重写一遍还费劲。但引起我注意的是，这些“文章”的翔实性大大出乎我的预料。可想而知，在几周内，他们是利用课余时间，跑遍了图书馆、搜索了互联网，充分查阅各种信息资源，才完成了各自的“杰作”。更为可贵的是，每一篇文章都富有作者自己的观点和理解。最后，经过我的帮助，同学们反复修改了文章、誊写了稿子，还列出中文词汇表，在班上进行朗读分享。这一过程对每一位同学来说都是相当费劲的，但他们乐此不疲。于学生而言，通过这次写作，学习汉语的积极性更足了，能力有了一定的提高，也加深了对中国文化的了解。对我而言，更是从中受益不少：学生的潜力无穷，教学中需要强调学生在学习活动中的主动参与和亲身体验。而外语教学是将语言材料置于丰富多彩的文化背景中，让学生在发现、了解、对比、领悟中使用无疑是教外语的好方法。此外，课程只是教师和学生共同探索的载体。师生在课堂教学过程中共同参与对这门课的开发、研究，才能真正地实现教学相长。这些是教育的真谛。

在汉堡三所学校的任教期间，我有幸列席了学校的校务例会、教师大会、学生与校长的对话等。感触颇深的是：领导对学生、教师提出的意见十分尊重，闻过则改，这样做真正体现了“以人为本”、“民主办学”的思想。期间一件事，让我印象深刻：在一次年级学科教师的会议上，老师们为一位学生的评定产生了分歧——这位学生担任社会部部长，他经常热心组织同学参加社区服务，同时，他的作业常常不能按时完成。大家争论焦点在于学习和社会工作孰重孰轻。老师们为此辩得面红耳赤，这又引发了我的感慨：一方面，德国教师对评价学生的慎重，综合评定不是由某个老师说了算的，需要互相探讨完成；另一方面，德国教师对学生评价内容的多元全面，评价的标准不仅仅是考试分数，还纳入了对待社会实践的学习态度。我听说，在德国的中学，类似的讨论与争辩并不罕见，这对提高教师的教育观大有裨益。

以上是我在德国的所见所闻、所思所想，总而言之，20多年前的德国深造与任教经历，使我对东西方教育的长处与不足，有了比自己国内同行“先一步”、“高一层”的认识。此后，我在世外中学所开展的一系列教育教学探索与实践，大约都是从这里延伸出去的。

四、扎根桃源

人的成长在于经历。经历过艰险的挑战，生命延伸了高度；经历过困苦的磨炼，生命加强了韧度；经历过挫折的考验，生命平添了亮度。对我而言，过去的 20 年，从零起步，小心翼翼，与世外许下立校之约：从桂林西街 57 号、浦北路 380 号到虹漕南路 602 号、百花街 400 号。时至今日，徜徉在红瓦白墙的本部、国际部校区之

位于桂林西街 57 号的改建中的世外第一座校舍

桂林西街 57 号，摄于 1996 年

间，蓦然回首，这段世外情缘要从奔赴汉堡之前说起——

早在 1995 年出国之前，徐汇区领导就向我伸出了热情的友谊之手。先前，徐汇区政府和区教育局早有打算，要在上海的西南角开办一所公立转制的外国语学校，将这所学校与地处东北角的上外附中遥相呼应。当区领导得知我不再担任上外附中校长后，他们高兴极了，张正奎区长、黄承海副书记、李骏修局长先后找我谈话。备感意外的是，黄书记专程利用双休日，骑着自行车来我家家访。当黄书记听说我有一年赴德工作、进修的机会时，连连说："你要去，一定要去，绝不要放弃，我们等你回来。"更令我感动的是，张区长、李局长还利用他们短暂的访欧时机，专程到汉堡看望我，与我长谈，耐心倾听我对办学的意见和想法。这一切均使我动容，我在短短的一周内，便作出了决定：放弃其他机会，奔赴徐汇世外。

1996 年秋，我和我的团队开始走上了自主办学的道路。我在朦胧中辨识着世外的轮廓，方向、目标、理念、精神，仿佛相隔千里，又似乎触手可及。一切规章秩序好比江南的墨意水乡，弥漫着淡雅的芬芳。初秋罕有的寒风，并未裹挟我那颗拥抱桃源的赤诚之心。

浦北路 380 号校区

百花街 400 号国际校区

思忖着校园方面的各项工作，如守护着另一个比自己还重要的小生命。那是第一次，我以一名公办转制学校校长的身份，零距离地感受时代发展的热度；那是第一次，我心怀感恩地告诉自己，面对全新的起点，定不负信任与重托；那是第一次，我默念北大的“包容并蓄”，并时刻谨记：对于桃源的热爱，永无止境。

开学前夕，我在学校整体规划中旗帜鲜明地指出：借学校命名、新校舍落成的东风，在师生中进行艰苦创业、爱国爱校的教育，以“团结、奋进、务实、创新”的校训，增强凝聚力和上进心；加强精神文明建设，提高师生员工的道德素质；大力开展教学研究活动，尤其要加强外语教学和研究，开创特色和成果；加强教工队伍建设，逐步调整并建立一支勤奋、精悍、结构合理，具有敬业精神的师资队伍；逐步建立和健全学校的各项教育教学和管理的规章制度，完善各级干部和教职工岗位

2009 年在虹漕南路校区启动仪式上的罗佩明

虹漕南路 602 号校区

责任制，使各项工作有章可循，有法可依，走上正轨。因此，学校一开办，行政领导团队便就以下问题达成共识：特色是生命力，品牌是立足之本，世外必须办出特色，创建品牌。我们要抓住转制的机遇，建立新的工作机制，形成良好的工作氛围，调动教工的积极性；确立办学方向和培养目标，必须不断以时代的发展和国际的目光来更新教育观念，调整工作重点。在开展特色、优质教育的同时，加强对外交流与合作，以实际成绩赢得社会的良好声誉。

第一届开学典礼上，我告诉全校师生：中学是人一生中只遇到一次的惊喜。从步入世外的那一天起，我们就拥有了一次崭新的历练。努力再努力，去突破框架藩篱的限制，去唤醒无谓挣扎的沉醉，在参与、实践中，判断、辨识、拼凑、重建一个更趋于美好的自己。至此，世外以明确办学方向和培养目标，切实全面贯彻党的教育方针，全面培养学生素质为根本；以加强思想政治工作，以德立教与依法治校相结合，不断深入进行体制、机制改革，注重校本管理，形成世外精神，树立良好校风为灵魂；以形成并在各项工作中贯彻“积极参与，努力实践”的办学理念为指导；以凸显特色，争创品牌，全面实施素质教育为生命，不断营造桃源特有的文化氛围。

渐渐地，世外有了适合师生共同发展的办学理念与培养目标；有了用人权，可以欣然地挑选符合学校气质的优秀教师；有了自选教材、自编课本，及经调整、安排后的多元课程；有了在共商办学、决策问题上注入家长、学生意见的家委会；有了大胆走出国门，与世界各地建立姐妹校关系的交流访问；有了把自由民主渗透在一张张教工提案上的教职工代表大会……

这里，洋溢着教学相长的蓬勃生机，唯有真正发挥自主权，才能摒弃喧嚣与浮躁的肆意栖息。校领导团队始终坚持每学年、每学期落实规划目标，保证工作有检查、有总结。学校每学年制订的《党政工作思路》、《德育工作计划》、《教学工作计划》等都广泛听取干部、教职员工的意见，经常组织专题研讨会。每学期一结束，党政领导总是在总结本学期工作的基础上，根据区教育局党政领导对下学期工作的部署，制定下学期的工作思路。假期开始不久，便召开由校级、中层干部及年级组长、教研组长出席的研讨会，共商学校发展大计，帮助各级干部了解和接受上级的思路，利于贯彻与落实；同时，又能及时听取大家的意见，集思广益，开拓思路，不断修改、充实计划，加以完善和提高。每学期的党政计划都体现了积极开拓进取、改革创新的精神，不断提出新思路、新目标，决不停留在原来水平上老调重弹。因此，世外年年有新思路，次次推新举措。早在1999年学校就坚持在德育工作中，于强调开展适合学生年龄特点的活动的基础上，提出各年级组在政教处指导和协助下开展专题系列教育、将德育落到实处的要求，并尝试班干部与总务后勤部门管理人员的对口管理制度；在教学工作中，在每学期开展教师教学评比的基础上，提出就如何培养学生自主学习能力，集中开好几堂专题性研究课、示范课的要求，不断完善拓展性课程的学分制建设，保障学生的个性和全面发展；于外语教学中，于学习、贯彻本校制定的外语教学大纲的基础上，提出补充和完善各年级对世外小学推荐生听力、阅读材料和要求的设想，注重外语的工具性、人文性、社会性；在师资队伍建设上，加强定期电脑培训，要求教师科学合理地使用多媒体教学；在分配制度上，为不断优化队伍、激励教工敬业爱校精神，于原有聘用合同制和教工一年一度考核的基础上，对分配奖惩办法作了补充修改等。

从预初“新生入学教育”的悉心安排，到高三“十八岁成人礼”的组织陪伴；从初来乍到的腼腆含羞到相知相亲的无尽温暖，世外学子在历历在目地成长。直到今天，还能清晰地记起“四大节日”中一张张不亦乐乎的笑脸，还能嗅到西餐礼仪示范时留在指尖的余香，还能感受学生代表领奖学金时的自信，中秋节与青年教师一起吃月饼、赏月的温馨，以及听闻家长给初二学生写勉励信时的感动。初入世外的每一个人，收获了知识，收获了友谊，收获了无法用文字描述，无法用金钱衡量的进步与成长。在校内，人人都是德育工作者，所有教职员工都从各自的工作特点出发，积极主动地参与各项教育教学工作；在家庭，如何促进中国与西方、传统与现代的伦理价值对话，加强国际文化之间的理解交流；如何加强网络道德教育、心理健康教育、青春期教育、爱国主义教育和生态教育等形而上的话题，都是摆在家校之间的重要课题；在社会，学校依托文明共建单位和社区力量，广泛搭建学生走向社区开展活动的平台，让社区成为学校教育的实践基地，一步步拓展了科技馆、博物馆、规划馆、高校实验室等各类教育实践基地。世外教人“走向世界”，让人不由于暂且落后而生自卑之心；世外是“现代中国人”的沃土，

2004年，世外中学承办第九届APEID教育分会场

亦使人不因为显示优胜而生轻慢之意——这些大约是识遍千山万水，便越发胸襟开阔所致。

在这个“熙熙攘攘，利来利往”的时代，我在世外感受到了“不通市侩，不理世俗”的境界以及“孜孜不倦，潜心学术”的学术情怀。真正的宁静，不是简单的远离车马喧嚣，而是在内心踏踏实实地修篱种菊。

依旧是秋，只不过此时已非昨日，改变抑或成长，就在这平凡而不平淡的日子里慢慢滋养。20年来，面对众多有关世外人“心气颇高”的评价，我从不申辩，因这似乎符合事实，但又不便真的“有则改之”。“心气”与“志向”，有时很难截然分清。锉钝了世外人的锋芒，怎能指望其责任在肩、有情有义？抑制了世外人的狂放，又何来心思探求未知中，不时突发的奇思妙想？任何一所学校，都需要严格的规章制度与稳定的教学秩序；但不是每处地方都能像世外一样，容许甚至欣赏才华横溢而可能自由桀骜的学子。诚然，无规矩不成方圆，而一旦有了中规中矩的界定，必定对个人志趣与才情造成一定的克制。如何在“规矩”与“个性”间保持某种必要的平衡，让处于青春期的中学生既感觉恰如其分又不至于钻牛角尖，对于每个从事教育的人来说，都是棘手的难题。

细细想来，理想的桃源应该不因贪求便利而勉强“一刀切”，也不因标准化教学而“取长补短”；世外要为大部分人设立规则，为小部分“天才”预留空间。而让不同性格与才情的学生都能得到充分的表现，需师长的坦荡襟怀，更需营造优雅、大气的精神氛围。这种山高水长、任其翱翔的境界，在我有限的视野里，世外庶几近之。生活在如此活泼生动的校园文化中，不会因此而摆脱人生的众多困惑，却很可能平添一股充实加忙碌的气息——或许，这正是世外引人入胜，并被称为“桃源”之所在。

马不停蹄的思绪仿佛笔下的一幕幕遥想，又似季节交替的柳絮，现实和记忆交错相织，编成最美的锦绣，送给挚爱的桃源。类似的话语千百遍回荡在心头：我走过许多地方的路，行过很多地方的桥，看过很多地方的云，只爱过那一个集聚我最快乐时光的世界外国语中学。

Chapter 02

第二章

凝心聚力 铸造世外之魂

都说世外很美，这话不错的——

春天朝气蓬勃，晨光洒在白帆上，桃花落在一片翠绿色的草地上，教室的窗口仿佛成了观景台，总有那么几个头伸着遥望。一年之计在于春，伴着同学们的问好踏进了校园，教室朗朗书声不时回响在安静、有序的教学楼。

夏日灿阳照耀着操场，一滴滴汗水流淌在操场。“进了，进了！”一个个空心球的声音清脆而又微妙，赢来围观同学一片欢呼。一上午的学习疲惫在太阳的照耀下消散无几，钢琴角的艺术气息弥漫在整个校园。

秋天的落叶飘满大地，完全覆盖了那片草地，一眼望去，夕阳更是为这一片金色增添了一条美丽的风景。图书馆的沙发角挤满了捧着书的文艺青年，书香校园里，人们乐此不疲地忙碌着、快乐着。

直到冬天，再冷的温度也阻挡不了对伙伴们的热情。交流生在世外各地留下了足迹，留下了欢声笑语，给世外学子的青春增添了一道又一道的光彩。

想当初，之所以选择美丽的世外，除了领导的重教、惜才之外，我看好的是学校民主办学的体制。迄今为止，两次针对办学体制的改革与创新，使学校在短短的20年内，迅速走上了创新发展之路，脚踏实地地实现了“5年立校、10年立名、15年立志、20年立言”的发展预期。因此，就个人而言，桃源之美，美在绰约的风姿、洒脱的风度、求知的风骨与实践的精髓——那是一种无需声张的厚实、不致陡峭的高度，时至今日，仍值得每一代世外人仰望。

一、培养目标：全面发展，走向世界

1996 年，上海市世界外国语中学正式挂牌成立，我带着责任与使命，来到这片青葱活力的桃源之地。建校伊始，万象更新，我对外国语学校的教育教学并不陌生，可面临的压力不可小觑——大部分学科教师的教学理念落后，不善于调动学生的学习积极性，不重视培养学习兴趣和效率；此外，家长对学校的办学目标不了解，老师们在得不到信任的情况下，难以与之形成家校教育的合力。在这样一所新建的公立转制学校，校长之担当多不同于以往，如何利用民办优势，发挥办学管理自主权，尽快形成特色，进而对徐汇西南片区的外语教学发挥辐射作用呢?

古语有云：士不可不弘毅，任重而道远。我年近花甲，且面临重重困难，但上级领导的充分尊重与信任，过去教育教学经历所凝聚而成的厚重底气，让我和我的团队信心十足。此刻，以饱满的热情，真诚的态度，确定世外的培养目标是重中之重。

我始终认为，办学理念是一个学校的灵魂。办怎样的学校，怎样办好学校，以及作为校长，如何用先进的办学理念凝聚人心，是自己在办学初期不断思考的问题。我的愿望是办一所使学生的个性、特长、教养得到全面发展的学校，从这所学校毕业的学生应以外语

1997 年，在“团结奋进”标志下的罗佩明

见长，知识面广，思维能力强。基于这一朴素的想法，我和办学团队不断研讨，率先提出了“团结、奋进、务实、创新”的八字校训，这在世外建校初期，起到了切实有效的激励作用。

在校训的引领之下，我协同各部门同仁，深入课堂第一线，了解实际教学情况。针对本校青年教师多的特点，通过各级部门、各种途径，培养年轻老师的业务能力和教学水平，如为每位青年教师配备校内外资深带教师父；要求他们上好汇报课；为他们搭建舞台，参加各级重点课题的培训和研究。在把新老师推上教学第一线的同时，也向不了解情况、不放心老师的家长们宣传介绍我校青年教师的先进事迹，希望家长与校方一起鼓励年轻老师树立敬业爱生的积极思想，营造“家校如一”的世外和谐氛围。在我们的教育教学工作中，“团结”是互助互爱的基础，“奋进”是饱满热情的动力，“务实”为勤勉踏实提供保障，而“创新”是新时代的主旋律。当年，世外仅有不到 30 位教师，但正如校训所期望的那样，老师们几乎人人“一专多能”，为实现工作效率的最大化，大家胜似家人般齐心协力地工作、学习，团结友爱的世外教工队伍逐步发展壮大。

记得学校开办初期，进行过两次重大的基建、装修，工作重、难度大，持续时间长。为此，整整两年里，几位主要领导暑假从未休息，冒着酷暑日日夜夜地扑在学校，在工地上来回跑，外出虚心取经，亲自采购询价，上下协调工期，监督工程质量等等。日常工作中，教务处、校办老师经常是最早到校，最晚离校，双休日加班已成家常便饭，他们从不计较时间、报酬，热情关心着学生、耐心服务着家长，毫无怨言。只要是学校工作需要、学生工作需要，班子成员毫不犹豫地主动放弃节假日或晚上的休息时间，投入工作。不仅校领导们如此，学校教职工亦乐于为学校的发展建设献计献策、奔走忙碌。每次学校举办大型活动，安排对外接待、招生、监考、教育等任务，人事安排变动，开展教科研和教学评比等等，老师们从不推却，人人积极响应、乐意接受并踊跃参加，形成了友好竞争、团结协作、和谐切磋的工作氛围。对待工作中的不同意见，同事们或心平气和地坦诚相见，或宽宏大度地理解宽容。正是这份培养目标引领的凝聚力，让世外的工作充满了不断发展的条件和可能。

邓小平同志提出：“教育要面向现代化、面向世界、面向未来”，我在工作中产生了对外语学校培养目标的再认识：今天的世外学生，十年之后，将走出校门、踏入社会，将来的世界会对他们有怎样的要求呢？反复深入研讨后，我们得出结论：世外必须根据未来对人才的要求来培养当今的学生。世外学生毕业时应具备以下四个方面素质：品质——热爱祖国、自信心强、开拓进取、勇于创新；特长——英语流利、擅长电脑、思维敏锐、文理并重；能力——独立工作、与人合作、善于组织、长于实践；内涵——文明聪慧、知识面广、兴趣多样、身心健康。因此，我们将培养目标明确为“培养外语水平较高、各门学科基础知识扎实，德智体美劳全面发展的学生，造就热爱祖国、崇尚礼仪、会学善学、学识广博、奋发进取、勇于创新、具备国际意识的有教养、有竞争力的国际人”。这一办校初期的培养目标，主要突出了三个方面：一是强调“外语”，这是“走向世界”的工具。为此，世外开展的任何改革、试点，一定先从外语学科开始。二是强调“全面发展”，这是“走向世界”的素养。在各学科对学生的素质培养中，都不约而同地提到了这一点。三是强调“国际意识”，这是“走向世界”的眼界。可以说，20 世纪 90 年代，一所学校能以国际视野培育人才、着眼未来，是颇具时代前瞻性的。

随着时间的推移，我们将培养目标逐渐凝练为一句话：世外培养走向世界的现代中国人。字数缩减，其育人的核心价值始终未变，世外学生既要有走向世界的本领，也必须有拳拳的报国之心。我校的培养目标体现中华文明的传承之意，融爱国精神、时代特征、传统美德于一体。

十年磨一剑，自 2004 年起，乘着改革东风的世外努力探索国际融合教育之路，将相辅相成的中西课程带进桃源，通过参与、实践，学校师生收获了可以代代相传的宝贵经验，学校成为一所真正意义上的完全中学。而经历国际融合课程的实践，反哺学校未来的发展方向，带给世外人关于培养目标的深层次思考。

以人为本的培养目标

面对熟悉而陌生的世外国际融合课程，我和我的团队始终以国家课程为纲，围绕全人教育，一边实践、一边研究，渐渐发现，成立完中之后的世外，从理念到实践，都发生了积极向上的可喜变化。

在学校声名鹊起的那些年，我们一度认为从世外毕业的学生品学兼优，广受各大高一级学校的欢迎；而自从我们引入国际融合课程之后，学生论文文笔有余、思想性不足的问题突显出来，为此，学校进一步提出：培育“走向世界的现代中国人”，旨在引导学生拓宽国际视野，成为具有创造、批判和反思的思考者；鼓励学生在他们所学的传统学科之内，以及课堂学习与真实世界之间建立联系；培养学生发展交流、多元文化理解和全球参与等方面的技能。这些精神品质，对于一位健康、充满阳光和富有生气的青年人来说，都是至关重要的。

近年来，经过长期思考、实践，关于以人为本的学术成长规律，我们越发清晰。首先，世外人是学习者，能质疑、会提问，学与问密不可分；其次，世外人是思考者，能从生活中想到问题，进而能把各种问题联系起来想；再者，世外人是反思者，侧重于在生活中得到的结论、数据，以及在整个思考过程中，再次提出质疑；最后，世外人是知识渊博者，旨在所有学科学习中，均能这般不间断地循环学习。经历这样的学习过程，固有的规则可以被打破，新的力量不断在酝酿。而人的学术成长规律，同样亦遵循了人的生命成长轨迹。

引申开去，国际融合课程对于世外学生的精神生命成长，呈现了一些与时俱进的新亮点：

2008 年，学生参与科技节水果电池实验

它尽可能避免在课堂上进行大量的知识灌输，转而想方设法把孩子们的目光引

2014年，学生在科技节上进行机器人项目的展示

向校外更无边无际的知识海洋，让孩子们知道，生活中的一切时间与空间都是他们的学习课堂。

它尽可能减少死背大量的公式和定律，转而煞费苦心地启发孩子们的问题意识、怎样去思考问题，教会孩子们面对陌生领域寻找答案的方法。

它几乎不用考卷把成绩分成三、六、九等，转而竭尽全力肯定孩子们的一切努力，赞扬孩子自己思考出来的结论，保护并激励孩子们的创作欲望和有效尝试。

它还告诉青少年智力发展的一条重要规律：他们在课堂上要掌握的抽象真理和概括越多，这种脑力劳动越紧张，就应当越经常地到知识最初的源泉——大自然和生活中去。这样，周围世界的形象和画面，就越鲜明地印入自己的意识里去。

因此，历经国家课程、国际融合课程的世外学生身上集中了桃源二十年如一日的相关特点：爱心、优雅、大气，善良、热情、自信，富有创造力，懂得人与人的合作与交流，懂得彼此的尊重与信任，从而追求理想，追求高尚。我们指向未来的这些举措，将学校教学与德育教育整合起来思考，切实有效地落实“参与、实践”的世外理念。

聚焦世界的学科发展

中学阶段的青少年正在不断发展心智，以期得到更多的社会认同，

2016 年，境外部李俊授课中

他们会越来越清楚地认识到自己在这个世界中的位置。换而言之，通过读书，孩子们会越发明确对自身的定位。因此，世外学生的学习情境往往是真实的世界背景、事件或情形，我们鼓励他们在学习中发展国际情怀和参与全球意识。

国际融合课程的学科教师都在拓宽全球视野的基础上，帮助学生建立起学习与国际事务之间的关联性，通过师生合作，共同对具有地方、国家和全球重要性的问题和思想观点进行持续深入地探究，从而更加明确胸怀世界的意义，提升学生对于不同语言和文化的理解，使他们的学习更具长远的意义和深度。

就世外国家课程而言，先是由外语组把“在情景中开展教学”作为一种思想、作为一种教学模式、作为一种教和学的方法引进课堂，取得了成功，并且推而广之。细细想来，在情景中开展教学与学习，这之间的核心是联系，由联系从而产生意义。当中学生能够把学科内容与他们的经验联系起来，他们就会发现意义；意义则为他们提供学习的理由，把学习与自己的生活联系起来，使学习变得生动活泼。

就在不久之前，地理、历史等学科相继进行了三校区——世外境内、境外及康外（康健外国语实验中学，为世外中学托管学校）学科联动。来自国际融合课程——中学项目的李俊老师请同学们利用各种现有资料，结合自己的生活体验，评价上海交通的发展现状，寻找上海交通的薄弱环节，思考上海交通运输的解决办法，从而在情感上增强了对美丽家园——上海的了解和热爱。而来自国家课程的徐美英老师则吸收对方的教学经验，创造性地采用铁路游戏棋的设计教学方式，尝试将“行为体验”的教学模式融入课堂，通过积极思维为问题的解决出谋划策。此外，各校区的历史老师则以风格多元的教学课堂，带领同学们走进历史、畅谈历史、思辨历史。面对这样高质量的教学课堂，区教研员给予充分肯定：在世外的历史课堂，有翔实的史料阐释，有有效而精准的教学方法，还有丰富教学资源的视觉冲击。人们总说：世外中学的课堂教学比较活泼、生动，而在我心里清楚，这是因为老师们比较自觉地引进并汲取了“在情境中开展教学”的思想。

全球视野就像一枚棱镜，它把全球的人文、自然、科技等都映射其中，使学习者可以通过不同的视角放眼世界。它进一步启示世外团队，要以多样的教学视角来思考：注重开展教学和学习的背景，鼓励学习者对我们人类的共性，以及共同承担的守护地球的责任进行探索；促进学习者对当地、国家和全球地区，以及真实生活中的问题，以中学生的关注点进行反思；为每一个中学项目、大学预科项目的教学单元确定全球背景，利用它来建立国际教育项目中有意义的教学和学习焦点；在学习的过程中，引导学生接触到更宽广的世界。

目前看来，世外的全球视野并非纸上谈兵。在课堂上，我们使用指令符号、指导抄笔记、建立时间意识、明确小组活动的责任；我们介绍有效沟通的方式，明确语言和非语言交际对我们生活的影响；我们形成文化意识、训练并作展示、了解自身在团队活动中的风格，分析利弊；我们学习思维导图，合理安排时间、分解大型作业；我们学习图像组织法，控制自我情绪、抵制校园暴力、用同理心关爱他人；我们学习撰写引用文献，对学术剽窃说不，并进一步掌握各种思考方式，训练创造性和规划性思维等，这些都是世界无所不在的表现。

可以说，世外融合课程的学科多鼓励学生在他们所学习的传统学科之间，以及课堂学习与真实世界之间建立联系；多强调能力方面的培养，引导学生发展交流、多元文化理解和全球参与等方面的技能。而这些挑战与培养，对于将来期盼为全球服务的青年人来说，都是宝贵的经历。

着眼未来的评价体系

从广义上来说，“社区”这个词可以有着极为宽泛的内涵，包括家庭、学校、城市，甚至可以包括整个国家。而在世外，参与多样范畴社区的服务行动，是一个从重视“我”到关注“我们”的转变过程，更是一种着眼未来的评价方式。

世外学子通过探索社区复杂性，从而获得个人领悟，变得更有自信，承担了更多的责任感。他们从关爱自己的同伴、家人，到关心素未谋面的陌生人；从走进身边小区宣传节能环保，到远赴大别山区和阜阳农村，了解不同环境下成长的同龄人的生活，调研当地的经济、文化、教育、卫生等情况；从在学校办一次全球水危机的展览，到走出国门，飞往全球各地宣传水危机意识等，体验作为一个社会人、一个国际公民应当承担的责任，把他们在课堂上的所学与他们在社区中的所见联系起来。世外的服务体验提供了学生运用概念、技能和知识的机会，为学生的成长、发展留下重要的成绩见证。

2015 年，中学项目的学生在参加江西支教活动后留下了一篇篇动情的日志：

这次支教，仿佛是对我自己的一次支教。我觉得受到的教育远比我教孩子们的要多得多：我站上了讲台，克服了紧张，战胜了自卑，我得到的称赞和成就感比我在绘画大赛中金奖还要多。

难忘孩子们给我的感动：他们的生活环境不好，很多人没有去过外面的世界，但他们很努力。就是上我们这样的课，他们也愿意早上5点起床，走两个多小时的路……

我们去过的几个孩子的家，真的就是家徒四壁。但我看到的每个孩子都是那么快乐，那么乐观。我们相信，他们的明天一定会很好。

阅读活动后的一句句感言，我们感到，通过支教活动，世外学生的感情世界发生了变化，比在课堂上学到的更令他们难忘。

回顾建校以来不断锤炼的世外目标，是学校承蒙领导的厚爱与信任，根据自身的办学理念，紧跟时代发展的需求，凝心聚力、有条不紊地发展所致，也是世外迅速进步、立足上海、展望世界之本。卢梭曾说：时间可以揭开种种帷幕。我庆幸在自己从事多年的教育事业之后，又得以贡献自己的绵薄之力，在世外——这片此生相当重要、值得珍视的园地中辛勤付出、收获幸福。历经坎坷与磨难，我赶上了改革开放之后老百姓渴望学外语、国家急需发展外语教育事业的热潮，外国语学校如雨后春笋般次第萌发，教育形势盛况空前。在教育体制改革之路上，作为以外语为专业、教外语为职业，又担当外语专业学校校长的我，具备了得天独厚的有利条件和丰富多彩的经历。真心感动于奋斗在桃源的峥嵘岁月，这是我人生中最快乐的20年。

二、办学理念：P&P 和 C&C

点开微信，看到一条六年级家长的朋友圈，他说：“我的孩子最崇拜的是语阅课刘老师，夸他幽默、博学……每次为完成刘老师布置的作业，她总是主动‘加班’，对于课外阅读越发积极了。起初我还不在意，直到在今天的家长开放日上，看到刘老师批阅的作业，我大吃一惊——孩子记下来的收获、体会或困惑都被老师仔细圈画、一一回复，认真与学生一起感知、体悟。为世外老师的责任心点赞！为世外老师呕心沥血培养全面发展博学多才的学生点赞！”家长的赞扬让我感慨不已，一方面感叹：一位青年教师要成为受学生喜爱的“百科全书”是多么辛苦；另一方面，更赞叹世外集全员之力来参与、实践的办学之路走得多么不易。我作为学校发展的见证人之一，这里的沧桑变化、艰苦历程都在脑海深处，无法忘记……

北大的求学经历、上外附中的办学经验、赴德深造与教学的经历，让我在东西方的文化交融与教育融通中，不断摸索世外的办学之道。此外，来自上海高层次外语专家为世外作了大量的指导，帮助我和我的团队在吸取经验教训的同时，潜心讨论、研究，寻找正确的前进方向。基于此，当年集大家智慧、着眼于外语教学的 P&P（Participate & Practice，意为“积极参与、努力实践”）应运而生。

P&P 原则是我平生学外语、教外语的经验总结，也是我力求体现“以学生为本”、“实践第一”的教育思想。

P&P 理念并非是突发奇想，它有其切实的理论依据。一方面，它来源于拉斯韦尔在《交际论》中提出的人际交往“五 W 模式”（who，what，what，whom，what）即“谁，说了什么，通过何种渠道，对谁，有何效果”。拉斯韦尔认为交际最核心的内容是交流思想、感情、信息。他还提出，教学过程的本身也要交际化。这个理论使我们认识到要形成世外的外语特色，要突出语言的交际性，力求学以致用。另一方面，它来自维果茨基的语言心理学派理论。他提出，学生的交际活动决定着语言的功能和形式。维果茨基认为少年时期（10—15 岁）是语言发展的最佳年龄期，而这个年龄段恰恰符合我们学生的主体年龄段。

在实践的过程中，在 P&P 理念的基础上，又融入 C&C（Cooperate & Create，意为“主动合作、勇于创新”）理念。

“积极参与”是让学生在参与中学习，于教育交流中有效互动，增进师生间合作意识；把学生学习、发展的主动权交还给学生，使学生全面参与教育教学的整个过程；学生在教师的指引下，主动求知，主动思维，主动实践，主动创造。

“努力实践”是让学生在实践中提高，于教育体验中感悟，寻找创新的突破口；充分培养学生的学习兴趣，发展学生主观能动性，调动学生内在需求，使学生全面参与教育实践活动；培养学生富有个性特点，具备良好的思维品质、科学探究精神，形成创新精神和实践能力。

“主动合作”是让学生在教育教学活动中，学会与教师、与他人合作，在合作中吸收大量鲜活有用的知识，通过对科技知识资源的重新整合，实现优势互补，资源共享，最终形成团队精神；使学生不仅具备共同的热忱、想象力和知识，并且在团队合作中去学习、去配合，成为具有出色的独立工作能力和新型现代合作精神的人。

“勇于创新”是培养高素质人才的精髓。一个人如果没有创新精神，就会走向自我封闭，停滞不前；让学生在学习中勇于创新，就要对旧观念、旧知识进行质疑、改建和革新，重点是对创造力的培养。

如今，P&P、C&C 理念已成为世外中学办学理念，是我们团结一心、培养高素质学生的源泉。

课堂教学之源

特色即为生命力，当世外 P&P、C&C 的办学理念与“走向世界的现代中国人”的培养目标达成融合，世外中学开始了真正意义上的自主办学，为学校之后的发展奠定了坚实的基础。建校之初，P&P 首先在外语教学中取得了突破。

传统外语教学很少思考如何在学生的语言能力培养上下功夫，耗时长，效果小。由于过于重视“语法翻译法”，忽视英语的工具性和人文性的统一，注重书面英语但忽略口头表达。经过若干年的英语学习后，学生往往书面英语功底不错，却仍无法与外国人进行口头交流，多为“哑巴英语”。作为一所以外语教学为特色的中学，如何能够突破现状，解决这些“痼疾”，真正走在英语教学的前沿，打造一张属于世外的闪亮名片，是我教学思考的重心。凡事预则立，不预则废，办学之际，我们从大纲制定、教材选定等多方面作了大量准备。

首先，我们制订了《世界外国语中学英语教学大纲》这部“法典”。

在上海顶尖外语专家的帮助下，我和我的团队对教育部颁布的《中学英语教学大纲》进行了潜心研究，对“一期课改”的英语课程标准也了然于胸，同时还汲取了其他外国语学校的宝贵经验。在与专家们进行反复探讨之后，我们心中渐渐有了底气。在此基础上出台的大纲不但对世外的英语教学有了切实的指导，具有可操作性，更具有先进性和前瞻性。虽然大纲制定于1996年，但它与之后上海“二期课改”所提出的外语学科要求完全吻合。20年后再来审视这部大纲，它始终符合世外的培养目标，对世外深入教改起到了划时代的指导意义。毋庸置疑，《世界外国语中学英语教学大纲》对世外外语教学特点的形成与发展，起到了不可估量的积极作用。

此外，一套适合的教材，能够更好地帮助一门学科成长。我们精心挑选适合世外的主干教材，从源头保证了世外教学的高标准。

当时，我与席时亨、朱浦、沃振华等几位专家顾问跑遍了上海大大小小十几家新华书店、外文书店，挑选了多套教材进行比较、考量，最后决定采用美国人穆林斯基主编的*Side by Side*（简称SBS）。这套教材的课文内容比较新颖，各个单元主题都贴近现代生活，容易激发学生的学习兴趣；单元课文强调情境设置功能，题材广泛，词汇丰富且复现率高，可以很好地帮助学生巩固强化；且教材以句型教学为主，在各类句型中操练语法，能迅速提升学生口语表达能力。多年之后，穆林斯基本人到世外中学来参观，他在观摩了一节英文课后由衷称赞：“你们把这套教材用得这么活灵活现，学生的听说读写能力有这么大的提高，上海世外中学不愧为把这套教材用得最好的学校。”随后，根据上海中考要求，我们又从上海课改提供的几套教材中选用了《牛津英语》。与此同时，为增加学生英语阅读量，开拓视野，提高人文素养，我们补充了其他各类英语阅读教材和报刊杂志，终于形成了现今世外英语教学的“一纲多本”

模式。

总之，P&P、C&C 理念下的课堂教学给世外教育吹来一股春风。自英语学科起，得以发挥各种教育资源的互补作用和多渠道一致影响的叠加效应，形成一股推进学校发展的强大合力。

家校教育之源

20 年以来，世外家校教育的核心理念始终源自 P&P、C&C 的办学理念。我们认为，对于步入世外的中学生，在小学阶段形成规范教育的基础上更需要强调独立发展的空间。因此学校的教育教学不应只发动教师与学生积极参与、努力实践，还要与家长开展沟通、主动合作，以期达成孩子在家、在校受到教育合力的共识。

为此，每次学校开家长会，我和副校长席时亨一定参加。我们俩对毕业年级一百三十多位学生的名字，几乎都能脱口而出，家长的姓名也能记住不少。因为在世外，每一个孩子都是宝贝，我们要以身作则了解他们，爱护他们。

除了传统的家长会形式，世外老师和家长之间主要依靠这样三种联系方式：家访、辅导和家委会。

首先，我们很重视家访。那个时候，许多学校不赞成这一做法，认为家访就是老师到家里告状，在家长、学生之间吃力不讨好。而在我看来，一个学校要办好，学校和家庭势必少不了沟通。校园里的事情，家长需要知道；同样，发生在家里的事情，学校也应该知道。因为我们的教育对象是同一个孩子，学校和家庭两边做到信息对等，这样才能形成教育的合力。于是，我便要求班主任老师寒暑假一定要进行家访，特别是对六年级刚进校的孩子，必须做到了如指掌，要与家长相约，双方给孩子立好规矩。这在当时算是“独树

2016年六年级家长开放日

一帆”，对此我难免有一定的压力。不久，教师反馈的信息打消了我的顾虑，世外的家长很欢迎这一做法。有的回复说：“我的孩子长到这么大，从来没见教师来家访过。十分欢迎你们的到来。”还有的讲得非常恳切：“六年级的老师等于是孩子在学校里的爸爸和妈妈，我们非常希望借助老师的一双眼睛来观察孩子的一举一动，从中替代父母对他们的督促和关爱。”

其次，我们很重视以家长学校的方式为家长进行心理辅导。办校初期，接到班主任反映：一些初二、初三的学生已经开始早恋了。家长更是手足无措：平时那么听话的孩子，怎么突然之间变得主意大了，变得要打扮了。而个别毕业班学生一度出现了考前焦虑，神情恍惚，学习压力陡增，面对这些情况，父母难免缺少行之有效的办法。

面对心理和生理的双重压力，必须请专家“名医坐堂、对症下药”。我们多次诚邀区青保办主任周胜利、市教科院普教所所长王厥轩、市普教所特级教师梅仲荪、市铁岭中学校长杨铁华、区教育局李明毅副局长等业内人士就青少年保护、社会发展需要怎样的人才、特殊年龄需要特殊的关怀、亲子关系、素质教育与家庭教育等话题为家长讲课，收到很好的效果。每学期家长学校的第一讲，都由校领导给家长讲教育改革的形势和当前学校的改革举措。所有这一切，都受到了家长们的普遍欢迎，产生了积极、良好的反应。

此外，我们还借助家委会的成立，加强家校之间的沟通交流。刚建立家委会时，有的家长对这一组织存有疑虑：你们一届毕业生也没有，大家对于学校的质量和声誉都不知道，叫我怎么相信家委会？我心里很清楚，家长的想法实实在在，要叫他们信得过世外，只有自己拿出真本事，让教育质量说话。彼时虽然年轻教师多，但个个由我亲自挑选，他们的教学能力出色，教育素养过硬，更主要的是全校上下的凝聚力极强。事实胜于雄辩，当我们的第一届毕业生取得全区第一的优异成绩后，家长们一下子就对学校有了亲近感和信任感。不多久，由家长组成的家委会应运而生，它在第一时间搭起家长与老师的沟通桥梁，将彼此希望了解又不便直言的信息互相连通。在家委会的助推之下，学生、家长和教师之间感情更深了，家委会自然在大家心目中有了威信。

2016 年家长开放日

2016 年家长开放日

值得一提的是，我们还创造性地在六年级开设“家长开放日”（世外可能是上海最早实行这一活动的学校），目的是让初入学校的家长对各个学科、各位教师的教学目标、授课方法、课堂要求以及自己孩子的在校表现有一个直观而感性的了解，为与学校共同肩负教育孩子的责任作准备。

为此，学校总是借着春光明媚的日子，开放六年级各个班级的教学活动，家长可以在这一天，到任何教室听任何教师的课，包括由班主任负责的班会课。待家长亲自坐进了课堂，心中自然对学校的办学理念、自编的校本教材、每一学期的教学质量有所了解，在实力之上建立起来的信任让家长和学校很快形成了合力。

特色的做法收获不同凡响的效果，随着时间的推移，在全球化的大背景下，教育方式变得丰富多彩、目不暇接。转制之后，民办学校的性质决定了我们必须与社会、家长更为贴近，服务要更加细致、周到。为此，世外顺势而为，尤其在家委会的建立方面，架构了学校、年级、班级的三级组织形式。

第一级是学校家委会，由各年级推荐二、三人选，加之历年优秀家长代表，并邀请学校相关领导参加。第二级是年级组家委会，它是整个家校沟通中最活跃的主体。一般从班级开始，自下而上报名、推荐，主要由一些比较活跃外向、协调能力强、愿意为大家服务的家长组成。每个年级家委会分为教育组、活动策划组、社会协调组、安全监督组，共同参与学校的教育管理。此外，班级内部也组成了第三级家委会，有二到三位家长作为代表。

近年来，家长参与学校的内容和形式，由最初的一切跟着学校走，逐渐形成独立、自主的意识，到现在与学校规划深度融合，家校之间通过网络平台联系得更为紧密，家长对学校教育教学的运作情况更为了解。

年级组和年级家委会，将各项活动按需进行整合。比如在六年级新年音乐会、七年级达人秀活动中，当家长们看到孩子们在舞台上自信地展示自我，悦纳自我，无不啧啧称赞。而这些活动，在年级家委会的带领下，家长们不仅是一名观众，还积极参与台前幕后的具体工作——有的家长参与前期的筹备，为活动出谋划策；有的家长参与节目表演，与师生同乐；妈妈们还自发组成了化妆团，爸爸们负责节目的道具和音响，有力地支持着活动的顺利开展。

2015 年，家委会爸爸团在世外达人秀上倾情演出

活动过程中，学校不断向家长们传递着世外的育人理念。家长们的全程参与，使他们更加了解学校、了解班级，更了解孩子在学校中的成长和进步的点点滴滴，家长与老师之间的关系也更加和谐，情感更加融洽。双方理念的相融相通成为了家长对学校工作最好的支持。爸爸妈妈们常挂在嘴边的是：没想到组织一次活动，老师们这么累，当老师真不容易；一个老师负责几十名学生，太累了！我们要更加积极配合老师的工作。

2015 年，妈妈们为达人秀的小演员们化妆

曾有人告诉我：桃源的春天

是很短的。几天前还是嫩柳吐芽、郁金初开的早春气象，几天后再去，那里也许已经柳絮迎风、落英缤纷了，让人不由得感慨，刚从漫长的冬天里微微回过神来，就已然有踏进夏季的光景了。其实，对于世外人来说，那绝美的春光从不会悄然成为遗憾——年级组的老师个个精彩，他们和孩子、家长的故事有很多很多，平凡而琐碎，但又件件沁入心田，我们发自内心地感到舒心和放心，更多的是感动和感激！每每和教师们面对面地交流，又让我们感到教师在繁忙的工作中始终保持着平和的心境，宛如一潭清澈平静的湖水……

春天的桃源，汇聚了各方坚定的声音，让我们始终相信：在办校理念的引领下，为了同一目标的努力终将承载更多的希冀。

三、世外精神：五大精神

教育的成败，关乎人的一生命运，甚至一代人的兴衰，因此对于教育的探索与研究，必须科学而谨慎。短短五年内，世外中学这所开办不久的转制学校在参与、实践的前提下追求卓越，基础保障有序成形并逐步完善，终于在日趋激烈的升学竞争中站稳了脚跟，占有了本土教育界中不可或缺的重要一席。2000 年，我取得了中学特级校长的任职资格，欢庆之后的自己越发清醒：回顾世外这些年走过的历程及所取得的进步，精神的力量是无穷的。记得在一次行政干部学习时，我提出：人是要有点精神指引的。世外中学成立的匆匆几年，之所以能取得如此迅速、巨大的发展，离不开强大的精神力量。对此，我们应该总结、推广。之后，我们在学校的各个层面认真开展有关世外精神的大讨论，大家你一言，我一语，好不踊跃，很快凝练成了朗朗上口的“五大精神”，即：奋发有为的进取精神、脚踏实地的求真精神、不断探索的创新精神、齐心协力的团队精神、亲如一家的友爱精神。

回顾世外 20 年建校史，说起“五大精神”对于世外精神层面的贡献，历历在目的小故事跃然纸面——

以真心营造和谐氛围

人间最是耽离别。又至夏季，挥手再见的时节。

盛放的蔷薇取代了夹岸的粉桃，摇曳的柳枝荡漾操场的喧嚣，殷红跑道两旁已然苍翠满目，桃源之绿意探墙而出，似乎是要以生长的绚烂，来中和离别的忧伤。

故事的主人公叫萧萍，她是学校2014级4班李沐阳的母亲。萧萍是一位博士、上师大副教授，也是一位儿童文学作家、诗人。她和学校的沟通不少，还曾为世外教师开设讲座，以一位女性、同时也是一位教师的身份，细腻而动情地讲述了自己和儿子“一起分享生命、成长，享受每一天的日出之光和蔷薇之秀”的历程，如题目“心有猛虎，细嗅蔷薇”一般，真挚感人。

但自儿子入校以来，母亲却一直陷入两难之中。一方面她的赴美访学申请刚获批准，按照政策，他们全家可移民美国；另一方面，家里刚来世外不久的宝贝儿子，对此坚决反对。下面两段话摘自妈妈的记录：

> 沐阳的作业压力不小，经常忙得四脚朝天，可他还是兴高采烈地上好了闹钟，说是要凌晨4点起床做作业，7点钟扒了两口饭就要去学校，而到了学校不肯回家，一定要在教室里磨蹭一会……他说：“老妈，实话跟你说，我太喜欢我的学校了。”
>
> 他的小脑袋已经形成了自我主见，或许更主要的是他在选择中获得了心智成长，对自我的期许和对未来的担当。

李沐阳自己也写了一篇文章《我喜欢世外的老师和同学》。文章中，他细致地描绘了自己最欣赏的两位老师：数学傅焰老师和班主任郑英杰老师。李沐阳在跟随母亲赴美前夕，来到了班主任郑老师身边，他把身子倾在郑老师身上，在他身边悄悄说：“郑老师，把我的座位留着，我马上要回来的哦。”听到孩子稚气而又坚定的话语，班主任老师的泪水一下子流了下来……

从这个故事依稀可见，提高升学率不是世外追求的终极目标，学校更注重的是学生素质全面而有个性地发展。因此，前进中的世外本着“五大精神”的团结友爱，把孩子当成一个个有独立思想、选择性和意志力的发展主体，以他们的正当发展愿望为育人的基本依据，努力培养受欢迎的老师，上好每一节受肯定的家常课。

以真诚凝聚教者智慧

记得教育学者朱小曼教授有一个形象的比喻：教育是“盐”，人不吃盐不行，但也不能单独吃盐，而必须将盐溶解在各种食物当中吸收；我们在吸收盐的时候，是看不见盐本身的，盐已融入各种食物之中，很自然地让人接受。

办学初期，根据学校的办学特色及培养目标，世外逐步形成了校园四大节日——英语节、科技节、艺术节、体育节。在丰富多彩的实践活动中，学生的能力不断得到提升。而

2015 年，学生在艺术节上的器乐表演

2015 年，学生在艺术节上的戏剧表演

随着学校规模的不断扩大，人数的增加及学生自主发展要求的进一步增强，校园四大节日已不能满足学生的发展需求。于是，世外老师们在办学理念的指导下主动地思考如何从多方位出发，为学生提供更多参与、实践的机会，促进每一个学生的全面发展。

在师生、家长的共同努力下，结合各年级的身心特点，学校又增加了四个主题鲜明的年级活动——六年级新年音乐会、七年级达人秀、八年级十四岁生日、九年级毕业典礼。自此，世外中学的实践活动完善为“四纵（四大校园节日）四横（四个年级活动）”的校园文化序列。

令人耳目一新的是，在世外推进“五大精神”的学习、实践过程中，各年级的学科活动逐渐与年级主题教育活动进行有机的融合，比如把六年级新年音乐会与各个学科进行整合，这项活动不再仅仅是展示学生特长的艺术类活动，而是综合展示六年级学生一学期学习和校园生活的汇报展示活动。活动从两个层面进行组织：一是年级的各学科组活动要紧紧围绕发现、挖掘学生的学科特长，为新年音乐会积极准备；二是年级组通过学生特长招募会及“班班有歌声”的活动来整合年级的优势力量，促进班级、年级的凝聚力。通过学科与年级的双管齐下，使新年音乐会不仅成为一台精彩的演出，更是通过活动展示新生入学一学期来的进步与成长，进一步促进学生的全面发展。有了起始年级学科活动的铺垫，七年级的达人秀活动更加水到渠成，不仅提升了活动的品质和质量，也使准备的过程不再为“达人”而“达人”，真正是为学生的自主发展提供平台。

此外，结合目前上海市多数青少年素质拓展（实践）基地多仅限于单向、浅层的教育功能，或停留于提供显性物质资源的现实条件，我们联合家长资源，积极进行探索，突破地域的限制，主动走出校园，将校内外教育资源进行整合。以八年级“钱学森图书馆活动”的开发设计为例，学校打破了以往单一参观的模式，在钱学森图书馆的大力支持下，将校内、校外的人力资源和实物资源进行整合，学校提出需求、索要资源、给出方案，馆方主动配合、全面开放、积极跟进，整个活动既有学科学习的整合，又有学生自主的思考，还有校方与馆方全程双向的接触、交流、推进和落实，引导桃源学子收获一次立体、多元的实践机会和浸润式的体验学习。

世外中学首届毕业生徐灵超同学返校时说：“当全世界都认为学校的任务是教书，评判的标准是分数的时候，老师们坚持做的是教我们怎样做人。这是难以量化，甚至难以为人知晓的功绩。”我听到这番话时，会心一笑，以至每年新教师职前培训，我都会向他们宣传“五大精神”的内涵和意义，并向朝气蓬勃的年轻人提出，要将“五大精神”作为入职行动的指南，积极引导大家把一以贯之的世外精神传承下去、发扬光大。

以真爱关怀世外学子

在世外，老师们不是高高在上的指导者，而是始终关心、理解、信任每一个学生，重视学生的思想状态和心灵需求，尽可能为学生创造条件，以保证每一个学生都能获得成功体验，帮助学生能正确地进行自我评价。在尊重平等的氛围中，激发和唤醒学生的主体意识。

学校政教主任金月华老师在担任年级组长时，身上一直带着厚厚的笔记本，详细地记录孩子们的点点滴滴。只要家长提出的问题，她几乎都能随时回答，并把孩子的学习情况、行为习惯、兴趣爱好、个性特长不假思索地报出来。有时年级里的孩子遇到身体不适或突然受伤，金老师总会第一时间出现在他的身边，给予孩子最大的安慰与鼓励。

数学组的余莹老师，在孩子遇到学习困难时，会主动联系家长，告诉家长，自己会利用课余时间单独帮他辅导，请家长安心；当焦急的家长半夜打电话询问学习情况时，余老师仍然会耐心地给予答复，提出建议；余老师对低年级孩子的要求是“当天作业当天毕”，哪怕已经放学，一些孩子被疑难题卡住了，她会反复地给学生讲解，直到学生完全清楚为止……老师的全身心投入，让班上的每个孩子切身体验到了真诚和爱意。

此外，我们积极倡导自主管理，在组织引导中，内化学生的责任意识。

青春期的孩子热情而不乏叛逆，如果只是一味的提要求，缺少与学生的沟通，不愿根据实际情况的变化而改变，往往会适得其反。为此，我们积极探索将工作重点从“不允许学生干什么”，转向引导学生“应该做什么和怎样做”，把“要这样做”建立在“为什么这样做”的客观依据上，启发学生认识和理解养成良好习惯的重要性，从细节上培养学生的习惯，使之成为学生有序、有效学习和生活的保障，并在此基础上学会自我约束、自我管理。

近来在学生会的大力支持下，《世外中学学生校园生活礼仪系列片》正在逐步拍摄完善。在拍摄过程中，老师请孩子们自己去解读《校园生活准则》中的相关要求，撰写剧本；招募演员，进行礼仪培训；然后，开展拍摄和后期制作。通过这样的方式，我们努力地把“否定”变成一次次教育的机会，把行为规范教育的自主权从老师身上转移到学生身上。在变“不许做”为“怎样做”的过程中，学生能力提升了，责任意识增强了。

以真意构建沟通桥梁

建校初期尚未形成德育工作网络，由我主要负责德育工作，我率领梁允、顾巧英、胡智玲、许云龙等一批经验丰富的年级组长以身示范、以爱育人。随着 P&P 理念的推动和影响，每一位教职工逐渐都以自己的言行，践行着教育教学工作，为学生的发展添砖加瓦。在此期间，学校的“五大精神”倡导着校园的文化，这都是学校全体教师、干部经过相当时期的办学体验的总结，形成了世外温馨和睦的人际关系，也为教育教学工作的推进发展创造了良好的条件。不过，“人非草木，孰能无情”，难免也会碰上太过感性的事情——

照理说，学生到校上课，是天经地义的事情。但当年的一位女生，对此存在着心理障碍，突然不想来读书。雪上加霜的是，问她为什么，孩子始终默不作声，也不知道她到底怎么回事，家长只能干着急。

为此，班主任先到她家，苦口婆心地劝说，她不听。接连几天，班主任都吃了闭门羹，于是转来求助于我。我请年级组长去她家，她仍不理不睬。在这种情况下，我们发动了全年级的各学科老师——她比较喜欢哪门学科，我就请她的任课教师前去做思想工作。

果然，在这位学科教师的劝说下，她断断续续地到学校上了几天课。好景不长，没过几天，她又不明原因地缺课了。我依然不灰心，积极与家长保持联系，请他们配合学校一起对这位女生谈心、教育。两个多月来，学校前后共派出七八位教师，接连不断地前去劝勉、鼓励，希望她早日回到学校。

许是这份执著打动了她，某一天，这位女生突然回学校了，乐呵呵地与同学、老师一起走进了课堂。毕业时，她考取了一所不错的学校，前途一片美好，而她初中时的叛逆情绪也随着青春期的过渡悄悄地翻了篇。

对于孩子的成长来说，家庭教育至关重要，父母做得怎样，最能表明一个人的人格、素质和修养。父母是孩子第一个也是最重要的品行老师，孩子最早的品行、习惯、规范，应当是在家庭种下的。而在世外，孩子的成长总是与家校紧密地结合在一起，学生在家庭教育和学校教育的共同关爱、期盼、呵护和浇灌下成长，两者均不可或缺。

一年又一年，在不断的学习、实践和反思中，世外人心中对教育的希望逐渐明晰，孩子的成长更健康，亦更有生气。

世外有着关怀的教育。我们帮助学生学会自我关怀、自我教育、自我完善和自我发展，自觉地将道德认知转化为道德行为，最终促进学生的生命成长。

世外有着生活的教育。我们创设活动情境，丰富活动载体的形式和内容，使其更符合每一个年龄段孩子的身心特点，让孩子们在生活中实践、体验、感悟，从而将德育的内容要求内化为学生的素质，达到教育真正的目的。

世外有着和谐的教育。这里的和谐有三层意思：一是师生关系的和谐；二是德育与学科之间的和谐；三是实现“学校—家庭—社会”的和谐合作。

世外有着智慧的教育。在世外，P&P、C&C和“五大精神”人尽皆知、耳熟能详。智慧德育体现在每一位教职员工的参与、实践，体现在一个个团队不断地就育人进行学习、思考和分享，体现在不同课程中找到育人的某些共同规律。

四、世外气质：爱心、优雅、大气

一次次微小的进步让我和我的团队越发坚信：世外的理念和发展就是这般目标明确、脚踏实地地走出来的。而引导孩子们在桃源氛围中去参与、去实践、去创造生活、去体验成功，正是我们矢志不渝的梦想与追求。为了在开放、包容的世外体现民主、正气的积极一面，我们对学生的素养与气质进行了明确的阐释，即爱心、优雅、大气。具体来说：

“爱心”是佩在学生心中的“校徽”。无论家境如何，个人起点怎样，爱心是学生善良的起点、责任的始点。以“爱心”为前提，才会拥有自主担当的责任，感恩报国之心。

“优雅”是刻在学生胸膛的“校标”。办学校也是办文化，学校文化的宽度和深度，决定了学生培养的高度。把“优雅”作为校园美好的源泉，在于帮助培养学生文明的举止，塑造良好的形象与气质。

“大气”是铸在学生身上的“校训”。世外注重培养学生国际视野，引导学生扩大眼界，汲取多元文化，培养做人做事的风范、态度、气质、气度。将“大气”作为志向的起点和境界，不断增强民族自信心和自豪感，努力成为大写的中国人。

“爱心、优雅、大气”是世外学子的标签，为了将这三者融入他们的学习生活，成为世外学子密不可分的一部分，我们展开了锲而不舍的追求，孩子们也带给我们很多惊喜。

情系社会的爱心

作为一所发展中的民办学校，我们始终认为，学校教育是社会的公共事业，学校越是发展，越是要以感恩之心真诚回报社会。

春日，我校都会举办一年一度的爱心义卖活动。以“P&P”理念开展的爱心义卖活动，使学生在活动中感受爱、分享爱更能传递爱，真切感受爱心传递中所散发的巨大力量，使这样的爱心行动能成为学生自觉自愿继续下去的内化行为。世外学子们积极尝试，运用独到新颖的方式，筹得尽可能多的善款，为社会中需要帮助的人们献出一份绵薄之力。爱心义卖所筹善款，会用于“珍珠生”计划、阜阳支教、大别山支教和内蒙古植树计划等爱心活动。

在世外这样一片能激发学生爱心与责任的天地，缘起于初一时一次与董李凤美康健学校的结对活动，我校2007届初中毕业生葛卓琛同学作为志愿者，第一次接触这群特殊的同龄人。活动结束了，但他的思考没有停止——怎样才能更好地帮助这群特殊的同龄人？这道难题对于当时的葛卓

2013年3月，罗佩明与葛卓琛交谈

琛同学来说，也许无法可解，但“爱心”的种子却深深埋下。

怀爱心于胸，存高远之志，方能更专注于学。葛卓琛同学高中毕业后，进入西安电子科技大学学习通信工程专业，少年时期的那个问题依然萦绕在他的心头。在与董李凤美康健学校李冠华校长进行沟通后，葛卓琛同学在大学中召集同学组成“科研团”，运用脑电波探测方面的技术手段，开发了一套特教辅助仪器，其中由葛卓琛主导设计的脑电波检测系统可以帮助特教教师在短时间内准确快速了解学生兴趣，从而对其进行个性化的教育和引导。

目前，除董李凤美康健学校外，我校还与龙华烈士陵园、漕河泾潮汐英语角、徐汇区社会福利院、上海植物园、杜鹃园幼稚园建立了共建关系。世外学子情系社会，播撒阳光，用实际行动诠释“爱心”的魅力。

多元传承的优雅

2011 年 5 月，我向学校提出，能否在学校底楼大厅开辟一个钢琴角。一方面为艺术特长生提供一个展示和实践的平台，另一方面也可以营造一个优雅的校园文化氛围，在潜移默化中帮助师生们学会欣赏艺术、懂得礼仪。另外，通过“钢琴角”这一社交场合，还可以引导学生对形式感的尊重，培养自律和公众责任感，形成恰到好处的自我约束。5 月 27 日，感谢政教处、艺术组的大力支持和配合，恰逢学校第十一届艺术节，第一次“钢琴角”活动正式拉开帷幕。之后在实践中不断改进、完善，发展为每月活动一次，每次活动由一个年级承办。最初，大多是钢琴独奏，后来慢慢发展成钢琴、小提琴、长笛的合奏。经过四年多的实践，现在已发展到钢琴独奏、合奏、器乐、声乐等多种形式。最初时，每次音乐会还须举“保持安静”的提示牌；

2015 年的一次钢琴角演出

2013 年，罗校长点评钢琴角演出

几年后，这个提示牌已全无踪影，秩序内化在了世外人的行动中。

每次钢琴角活动，我和几位校长只要无特殊原因必到场聆听。学校的底楼大厅、二楼楼层都挤满了听众，那悦耳的钢琴声、阵阵的掌声、爽朗的笑声，成为一道世外独特的风景线。小小钢琴角，自信大舞台，钢琴角活动折射出的是世外学生艺术视野的开阔、艺术修养的提升、表演能力的锻炼、文化底蕴的厚实、个人素养的增强。

博采众长的大气

在世外，随着各年级家委会的成立与发展，在年级家委会的支持下，更多的家长被调动起来，家长资源成为德育资源不可或缺的一部分。这里指的资源决不是让家长掏钱，或者搞一些分摊来向家长募集资金，而是通过家长的渠道更好地整合社会的资源，更好地服务于学生的成长。

2011 年，在家委会的支持下，学校首次尝试在六年级开展“梦田职业体验”活动。家长们热情参与，为六年级的“梦田”活动提供实践点。活动中，孩子们用眼睛去观察不同职业的工作特点，用头脑去思考不同行业的困惑和精彩，用心灵去体验不同行业的艰辛和坚持。活动后，家长与孩子一起总结、分享收获和体会，鼓励孩子们树立自己的人生理想。

再如，2010级家委会的妈妈们带领孩子们到安徽走访“珍珠生”(大山里品学兼优的孩子)、2011级的家长引导学生关注脑瘫儿童，带领学生赴徐汇区致康儿童康健园担任志愿者等活动……这些实践活动不仅让学生们走进社会，关注弱势群体，更赋予他们一种强烈的社会责任感和担当精神。

现在，家长们不仅为学校的发展贡献着自己的智慧和力量，而且更加身体力行地为世外的学生保驾护航，以自身的行动引领孩子的成长。由于学校地处交通要道，每天早高峰时段，校门口人流拥挤、车流堵塞，给学生的出行安全带来了不少隐患。身为世外的家长，看在眼里、急在心里。于2014年起，家委会自主发起家长志愿者行动，参与每天早上校门口的交通协管。他们用自己的行动向人们宣传交通法规，有效提高了市民的交通安全和文明意识，营造了浓厚的交通文明的氛围，同时也树立了世外家长良好的社会形象。每天清晨，他们已然成为了世外校门口一道特别而亮丽的风景线。

多年之后，一位领导与我交谈时曾说：“罗佩明，‘爱心’‘优雅’‘大气’这六个字，是你的写照，是镌刻在你心中的追求；同时，你又用这六个字，把自己对人生美好的追求，移植在全校师生身上，为他们度身定制，形成了世外的美好校风。”这番话让我激动不已，当心中的念想被一语点破，职业幸福感油然而生。

20年来，世外凭着P&P、C&C办学理念以及卓有成效的办学特色，在社会上赢得了良好的声誉。即便如此，我们并没有停止思考，回首世外的创业之路，从目标、理念到具体实践，万般感慨不免涌上心头——桃源是苍白一片还是多彩绚丽，是风沙弥漫还是辉煌灿烂，这取决于昨天的我们究竟到过什么地方，做过哪些事情，有过什么追求，取得过哪些成绩；以及明天的我们又将开始怎样的旅程，会结识哪些个性不一的人，经历怎么样的阴晴圆缺、悲欢离合。

抚今追昔，让人倍感欣慰的是：我携手世外师生，以亲力亲为的思考与实践，完成了领导的嘱托，实现了当年的承诺。现在，我可以问心无愧地说，20 岁的世外中学没有辜负专家、领导、广大的教师和家长、已经毕业或正在课桌旁读书的学子的认可与期待。与世外结缘是我的幸运，在这片桃源沃土扎根是我不悔的选择。

Chapter 03

第三章

课程改革　成就世外之名

从物理位置来说，学生和母校可以有两种关系，在同一个城市，或不在同一方土地。对前者来说，母校是日常学习生活的后花园——高兴的时候，重踏故土，徐徐散步；郁闷的时候，驱车直达，静坐放空。而对后者，母校是内心深处、不轻易触及的迦南美地。它是牵着高飞风筝的那一根细线——尽管越飞越高、渐行渐远，只消一个回头，就能知道，它始终牵绊于此。

漫漫数十载的从教生涯让我深切地领悟到，对学生而言，优秀的课程设置是参与高质量教育的基础，而课程发展的高度往往决定了一所学校发展的深度和广度。理念是罗盘，课程为船，后者是一个载体，教师引领着学生走进课程，其实就是引领着学生浸润在文化中间，受到熏陶、感染，从而雕塑他们的心灵。

在我的构想中，世外中学最终的课程走向是极其自然地将本土课程与国际课程融合起来，相兼互补。20年间，世外在课程发展方面所取得的成绩可以用“两翼突破、多元融合”来概括。

一、英语教学　彰显特色

多年来，英语学科所经历的蜕变对于世外其他学科的发展起到了一个良好的引领作用。可以说，世外的 P&P 理念和“走向世界的现代中国人”目标在英语课程中得到了淋漓尽致的展现：师生共同参与教与学的实践，以教师为主导，以学生为主体，在参与中师生相互合作，在语言实践中共同创新，互相促进。而我，有幸作为一个见证人，见证了英语作为一门课程在世外的一路成长。

其实早在 20 世纪 90 年代中期，上海市教委就提出了“强化英语，试验双语，探索多语”的方针，令我感到非常骄傲的是，世外中学在这方面始终是忠实坚定的执行者。作为一所外国语中学，若要做到名副其实、有口皆碑，将英语学科精品化是重中之重，在此基础上我们探索多语，试验双语。可以说，英语学科为学校摸索中西课程融合之路定下了基调。

还记得刚建校的那段日子里，我和我的同仁们与专家、顾问一起定大纲、选教材，如此花费心力的初衷在于以“一纲多本”为基础，力争在学以致用和培养学生的综合能力方面有所突破，同时，对英语教学模式的探索我们也不曾停下脚步。

世外自成立以来面临着一个特殊的挑战，那就是初中生源的

2009 年，由朱浦、沃振华、何亚男、顾立宁、汤青组成的英语专家指导团评课中

“两源性”特点：世外小学的“推荐生”和非世外小学的“外校生”在外语的学习水平上存在着很明显的差异，如何把培养学生的交际能力放在突出的地位，逐步缩小“两源性”学生外语水平的差距，对于教学模式进行改革的呼声很高。

本着将 P&P 理念在英语教学中的效果最大化，世外在英语教学上最终确定了“活动—交往”为主体的教学模式，即英语的教学目标、教学设计、教学活动和组织形式都围绕参与和实践来开展，以课堂教学为核心、逐层向课外活动、社会实践和对外交流辐射与拓展，每个板块都在特定的教学思想指导下开展有特色的主题活动。

践行英语教学校本化

世外致力于开发校本特色英语教材，以美国学者莫林斯基主编的原版教材 *Side By Side* 和上海版《牛津英语》为主干教材，并渗透《英语阅读新视野》、《英语听力新视野》、*New Interchange* 等阅读听力教材，实现“一纲多本”，以国家课改精神为导向，结合教学实际，多次修订《英语教学大纲》，规范英语教学。

为了有效解决学生在英语学习基础、学习能力、学习品质方面所存在的客观差异，世外开始实践和探索以“走班制”为形式的英语分层教学。分层课整合中外教材、英语报纸杂志和网上视听材料，不仅关注学生个性化学习，而且增加语用储备，开拓视野，提升综合能力。分层课更强调时代性和人文性。通过分层教学，对年级中不同层次能力的学生因材施教，让每一个学生都能够得到更适合他们的补充教学。对于学有余力、学有所长的学生，在教学中能创造条件拓展他们的英语积累，以提高他们的英语口头表达能力；对于学习上暂时有困难的学生，通过教学尽可能夯实基础，提供有针对性的巩固练习，以提高他们对于英语学习的兴趣和信心。分层教学力求使每个学生体会到学习的成就感，增强学习自信心，以达到素质教育的目标。

除了上述两点，世外还从办校初期就开设外教口语课，以后又发展到外教阅读写作课，其在激发学生课外自主阅读和写作的兴趣上的辅助作用有目共睹。为了丰富世外的英语教学，提升一部分品学兼优学生的听、说、读、写以及语言、技能、思维等全方位的能力，世外专门成立竞赛培训组，在国家大力提倡创新人才培养之际，世外有责任和担当，对一小部分拔尖人才给予强化训练。这些人才走上社会后，他们取得的成绩，或可以提升某个行业的整体水平，或可以代表某个地区或整个国家的水平。作为一线的教育工作者，我们责无旁贷。对这些优秀学生，在培训时我们也采用“走班式”的分层教学模式，这样做既让老师有了更多时间来优化培训内容，又让这些学生得到更优质的培训。

创设教学活动个性化

课堂教学的时间毕竟是有限的，按照世外 P&P、C&C 理念，非常有必要给学生创设全方位英语学习和实践的大环境，开展一系列形式多样、内容丰富的课外活动。活动多，既增加了学生的兴趣和能力，又有助于学生在活动中开发创造性。它为学生运用英语提供了尽可能多的实践机会与场合，达到学以致用的目的。

世外开展了各种各样的英语课外活动，比如：每周用中英双语主持的升旗仪式；每周一次有主题的英语广场活动、班级英语壁报、出版《未来之星》英语刊物；有声有色的各项分年级英语比赛和展示；每年一次精彩纷呈的盛大“英语节”游园；每年一次“世外杯”主题英语技能竞赛等等。这些活动在全校营造“润物细无声”的浓郁英语教学氛围，积极创造机会让学生浸润在这样的氛围中，从而潜移默化地提高学生的英语水平。

随着学校规模扩大，许多大型活动，如全校性的英语广场和“英语节”活动因受到场地的限制无法进行。我们积极变化形式，化整为零，设计了以年级为单位的每周主题性英语广场活动和“英语节”游园活动。比较受欢迎的英语广场活动有：低年级音标学习时，学生运用绕口令的押韵元素和想象力进行趣味小故事创作；才艺表演时，主持人与台下同学间的互动问答；创意广告时，展示妙语连珠，惟妙惟肖的表演和极具创意的构思；高年级的读书心得交流、课本剧表演、美国文学讲座、微型戏剧展示等。

在以班级为单位的“英语节”游园活动中，怎样使游园游出趣味呢？经过实践，老师和学生们发现，关键在于确立游园的主题，或选择来自当年的时事热点，如 2009 年以“迎世博”为主题的参展国异域文化魅力的推介游园活动；或是学生校园生活的焦点，如2010年以世外嘉年华形式进行的各年级主题游园活动；或是学生最感兴趣且有话可谈的内容，如2011年以“迷你城市”为蓝本的虚拟职业乐园游园活动和2012年“逐个视角，全域视野”的分年级特色游园。唯如此才能做到积极参与，乐在其中。

所有这些活动，师生参与面很广，全校师生自下而上，集体参与策划、撰稿、彩排、展示活动。每个环节都挑起学生的兴奋神经，体验合作学习的快乐、分享学习的成果，以优秀的展示起到示范、引领、辐射作用。这样深度、广度不断拓宽的英语活动给所有的学生搭建舞台，学生的潜能被充分挖掘出来，学习英语的积极性被充分调动起来。学生享受英语学习的快乐，把英语学习当成最快乐的游戏。

强调英语教学生活化

世外特别强调学生在现实生活中活学活用英语，强调英语教学的生活化，鼓励学生走出课堂，走出学校，参与社区和社会实践。为此，学校从两个方面做了有益探索：

一是在作业上，有意识地扩大学生与学生之间的交流，体现“活动”与“交往”。学校提出了实用性作业、创造性作业、合作性作业和分层性作业，以此扩大学生学习英语、运用英语的时空。比如，在六年级首创Free Reading作业，Free Reading里有童话、有插图、有幽默、有手工、有运动、有电影、有悬疑……尽量寻找一切孩子们的兴趣点。Free Reading里含传统英语练习题帮助同学们强化词汇、理解文章，还要完成一些任务，比如配插图、写台词、编故事、查资料、手工制作、猜谜破案、做实验等等。学生要完成这些任务不仅要提高英语能力，还要提高处理信息能力、动手能力、思辨能力和表达能力。更有意义的是，孩子们感受了文章中传达出的温暖和正能量，学会更加爱生活和爱他人。

二是学校创造机会，鼓励学生到现实生活中去，在生活中锤炼语言。比如，让学生到社区教市民学习“市民英语一百句”；定期到社区英语角，辅导小学生学英语；参加龙华烈士陵园英语讲解团，给参观的中外游客当中英文的义务讲解员等。在这些活动中，学生的语言能力和社交能力都得到了锻炼，增强了他们将所学服务社会、回报社会的意识。

突破英语教学国际化

学习不仅是个人自我建构的过程，更是与他人互相交流与共享的过程，从学习中得到锻炼与成长。为了让学生学到纯正的英语，学校尽最大努力，创造各种机会，以“走出去，请进来”的形式，强化了对外交流，让学生多渠道地与国外同龄人交流。办校至今，世外中学已经和美国、英国、澳大利亚、德国、荷兰以及我国香港、澳门、台湾等十多个国家和地区的中学结成了姐妹校关系，双方的学生在网上论坛上就环境、人口等主题开展讨论。学校还积极开展师生互访。在互访过程中，通

2008 年，罗校长与荷兰姐妹校签约

2015 年，世外学生与德国姐妹校学生共同表演节目

过 homestay 的方式，双方学生的感情更加融洽了。

各种方式的交流，不仅有利于世外学生更好地学习英语，而且使双方的青少年通过交流、沟通，更多地了解了彼此国家的国情和文化，增进了彼此的包容与理解。这些既体现了英语工具性功能，又发挥了语言背后的文化功能。目前，我们正致力于深化这种校际交流关系，扩大学生交流的成果。

世外的英语教学和活动，正是从“小课堂”延伸到了“社会大课堂”，拓展了“活动—交往”模式研究的范围，形成了全方位的立体层面，丰富和拓宽学生的知识面，成为全面培养学生综合素质的有效途径。它既总结了英语教改具有的共性教学规律，又为英语教学走向国际化探索了一条可借鉴之路。

世外的英语教学由教师精心设计、全面构思，构建学校和社会两大活动板块，并开展丰富多彩的学校和社会的外语教学活动。通过师生之间、学生之间以及学生与社会之间的“三向交往”，全面培养学生综合运用外语的能力。在“活动—交往”的模式中，师生在课堂上的交往体现出“双主体性”的特点，教师的“主体性”表现在既要研究“教材”，更要研究“学生”，即如何设计好课堂上师生之间的互动，以及引导学生与学生之间的互动。教师还会根据教材内容创设生动有趣、切合实际、受学生欢迎的情境，把学生带到真实的意境中，让学生进行对话、演小品，将教材内容活化为口头与书面的外语运用和实际能力的训练。教师还有一个任务，就是通过创设机会，让学生在班级里、年级中、校内外展示他们的作业成果。这样一来，学生之间交流的机会增多了，学生与学生之间的“交往”也强化了。学生的“主体性”表现在他们的作业形式是丰富多彩的，也体现了“活动—交往”。比如，平时作业主要是口头作业，教师加大了模仿、主题演讲和课外阅读的布置与检查；还十分提倡小组合作型的研究作业，如对话，小品表演，制作小报，多媒体课件等。在做作业时，学生们亲密合作，充分发挥团队精神，这样一来使得做作业成为了一件开心的事，是一种没有老师监督下的学生之间互动的自觉行为。我是多么希望通过由学校创设的全方位外语实践环境，为学生运用外语提供机会和场所，为他们用英语交流、表演和学以致用提供交往的时间与空间，我也鼓励学生走出课堂，参与国际交流，真正在生活中说英语、用英语。

进入21世纪后，世外的英语教学从单纯的P&P逐步发展到C&C，即在“参与中学会合作，在实践中学会创新”。按照教学的规律来看，要深入贯彻P&P、C&C理念于英语教学，就必须有一个“实践—认识—再实践—再认识”的过程，所以如果用“树理念，搭框架，补短板，建队伍，求发展”这十五个字来归纳世外英语教学在开创期和成长期的工作重点的话，那么在2006年之后，英语教学的主要任务则可以用“深化完善，不断总结，融合发展，谋求突破”

来概括。这一时期，世外人不怕给自己加压，选择站在一个新的起点之上。在这样一个融合发展的阶段当中，学校办学理念日趋明晰，办学特色更加彰显，英语教师队伍不断壮大，英语教研组在课程建设和队伍建设上正酝酿着谋求突破，对于学生培养目标的再确立就是一个很好的印证。

从传统意义上来说，英语的课程本质是“文化和知识的重要载体，是通向世界的桥梁，知识性和人文性的统一，工具性和实践性的统一”，学生通过英语学习和语言实践活动，不但逐步掌握英语知识和技能，培养和提高语言综合运用能力，而且拓展视野、促进思维、锻炼能力和提高人文素养，为他们终身学习和终身发展打下良好的基础。结合这一课程本质和学校的教学理念，我们认为对世外的英语——这样一个学校特色学科的价值要想得更深入，传递出的信息要更明确，那么学校的培养目标也应该更为明确，且在保证适切实际的同时又具有一定的前瞻性。

世外作为一所在沪落地生根的初中，所提出的培养目标是：“走向世界的现代中国人”，这一培养目标符合上海国际化大都市的城市定位，从社会责任的角度来说，世外有责任为此培养更为优秀的外语人才，那就必须要重视英语学科的工具性和交际性，拓宽学生视野，促进思维，提高学生人文素养，最终达到学生综合能力的提升，为他们终身的发展打好基

2014 年，名师胡跃波在世外授课

2014 年，名师专家龚亚夫发言讲话

础。这便成了刚刚度过成长期的英语教研组所需要面对的新挑战。我们都知道，相较从无到有，有的时候从有到优的过程更具挑战，也更为艰辛。然而年轻的英语组并没有退缩，而是迎难而上，视挑战为发展的机遇，从夯实语言基础（语法、词汇——新闻、文化、史地等）、完善语言技能（听说读写等能力）、理解国际文化（各国古今概况、时事新闻、文化艺术、跨文化意识等）、培养态度习惯（兴趣、学习习惯、毅力、心理素质等）、提升人文素养（爱国情怀、中西方文化素养、文明品格、礼仪内涵等）、掌握学习策略（阅读策略、写作策略、自我调控策略等）、发展综合能力（解决问题能力、沟通能力、合作能力、思辨能力、创新能力、终身学习能力等）七个方面具体深化了英语学科的培养目标：培养英语素养优秀，学习力和沟通力强，具有全球视野和思辨品质的世外人。针对培养目标，“大英语教学观”登上了舞台，具体来说，就是不仅要提升学生走向世界的生存发展力，使学生能更好地了解世界，进行交流；使学生善于吸收世界文化精华，养成学习外国先进文化为我所用的心态；而且还要培养学生对英语的综合运用能力、自主学习能力和人文素养，这些方面能力的标志是语音语调纯正、听说读写一流、掌握学习方法和善于实践运用。

经过十多年的努力，随着培养目标的进一步明确，世外英语教学的顶层设计也逐渐清晰了起来，一个学校英语课程的整体框架初步形成，分年级目标框架也应运而生。

世外中学英语课程整体框架

课　　型	定位	重点目标	教材 / 内容
SBS 和牛津小班课（5 课时）	基础型课程	① 夯实语言基础，锻炼语言技巧 ② 培养学习习惯策略 ③ 激发思辨能力和创新能力 ④ 提升人文素养	整合 *Side By Side*（1—4 册）与 *Oxford English*（6—9 年级）
分层课和外教阅读写作课（2 课时 +1 课时）	拓展型课程	① 多元文化意识，国际文化理解 ② 扩大词汇量、阅读量和知识面 ③ 因材施教，阅读与写作能力培养	分层校本教材 外教课大纲
英语活动竞赛培训	拓展型课程	① 创设英语氛围，提高兴趣和自主学习意识 ② 体验合作学习和创造性学习 ③ 渗透人文素养、文化礼仪和国际规则 ④ 提高阅读写作能力，渗透高中语法知识，培训英语新闻听力，培训演讲辩论技巧	英语广场、英语节分年级英语比赛、姐妹校交流等；Future Star 作文集、科普竞赛培训、SSP 竞赛培训、昂立英语培训等

根据以上总目标和总框架，世外还修改了分年级目标，并根据目标制定了基础课教学安排（一级）、单元计划（二级）和课时计划（三级）。分年级培养目标充分考虑了每个学龄段学生的认知水平和学习需求，做到要求明确的同时也保留相对的灵活自主性，以便按照实际的教学需求进行弹性化处理。

六年级：着重以培养听说能力为主	① 培养学生良好的语音语调 ② 培养英语学习兴趣 ③ 培养良好的学习习惯 ④ 培养扎实的基本功
七年级：着重拓展学生的词汇量	① 提高学生的语言表述能力和运用能力 ② 关注学生的学习策略 ③ 渗透中西方文化的概念
八年级：着重加强对读写能力的培养	① 注重学生思维品质和学习策略的培养 ② 加强国际文化素养和国际理解
九年级：继续培养学生读写能力和学习策略	① 关注学生学习能力和心理素质的锻炼 ② 继续通过阅读和视听扩大学生阅读面 ③ 提升文化素养和国际理解力 ④ 温故知新，巩固以往三年学过的知识点和语法项

世外英语各年级培养目标

可以说，培养目标和学科框架的初步搭建完毕是世外英语教研组在融合发展期所取得的巨大突破与成果，在之后的学校教研发展过程中，也为其他学科提供了相当的启示意义和参考价值。

在国际课程本土化的教学中，世外的英语教学也明确了发展的目标：参与和建设以英语为特色的国际化学校推进工程，开展以英语学科为龙头的强势学科建设工程；把英语学科建设和国际融合课程实践进行结合，使境内外教育教学工作相互渗透；拓展国际交流，形成初高中、英语、双语、多语的多元课程系列。

对于英语教学的国际化来说，做到人文性的渗透至关重要。这就要求教师在教学上要与时俱进，主动开展中西方文化渗透的研究，关注中西方教育和教师研究实践的双融合；这就要求在英语教研组内加强英语阅读教学的研究，开展英语写作教学的研究，以 P&P、C&C 理念推动学科的发展，推动英语教学的国际化进程，同时也为未来个性化教育时代的来临做好准备，真正落实因材施教于世外的课堂之内，以期能给学有余力的学生更多发展空间，扩大其阅读量，提高其阅读水平，为各级竞赛输送人才，同时也对学有困难的学生提供更多帮助，培养其兴趣和能力，为其终身学习奠定坚实的基础。

2016 年，英语组全体教研活动

将传统与创新融合，在融合中寻求新的发展，过程中的挑战无须多言，留下的感动和宝贵的经验始终互相传递，成为每一个世外英语教师心头的骄傲和眉宇间的自信从容。他们立足于课堂，将学校的办学理念铭刻于心，将学科的培养目标贯彻于日常教学，将教学模式反复实践，将学生的发展记挂心底。曾经有人问我，世外的英语教学如此有自己个性鲜明的风格，这其中的奥秘究竟有哪些。面对同行的热切眼神，我告诉他，世外的英语之所以有今天的成就是因为世外人“不忘初心，方得始终”。因为从创办初期选择教材亲历亲为，到面对时代发展的进程勇于探索新的教学模式，制定符合时代需求的培养目标，世外从来都是认认真真的，从来都不惧怕挑战自我、超越自我。

2016 年，英语组全体教研活动

引领教学特色鲜明化

就是这样一路走，世外走过了20年。20年，对于一个人来说，刚刚从少年成长为青年；对于学校而言，这奋力拼搏、不曾停歇的20年，已然足够在英语教学上初步形成了自己的特色与风格——“大”、“活”、“高”、“能”。

所谓“大”，与世外的培养目标“走向世界的现代中国人”一致，即培养具有国际视野，通晓国际规则，兼有人文情怀的国际化人才。为了更好地落实这一目标，世外在创设全方位的语用体验过程中，非常重视对学生人文素养、人生观和价值观的培养，非常重视为学生打开关注世界、关注时代、关注文化之窗，让学生有广阔的视野和人文情怀。在这种思想的指引下，世外的英语教学延展到课堂内外，立足学生、心怀世界、放眼未来，关注学生的生命成长，关注学生的终身发展。在2015年教师节，教师和学生一起学习中国最伟大的教师——孔子的生平，通过中英文对照、品味论语中的精神，引导学生学习先贤的为人处世，也提醒学生担负用英语传播中国文化的责任。又如，八年级的教师结合热点新闻，指导学生对记者作深度访谈，着重引导学生了解一名优秀记者的神圣职责——追求真相，伸张正义，拥有独立的人格、独立思考和济世情怀。

2014年，英语节上的微型戏剧表演

所谓“活”，专

指渗透 P&P、C&C 理念的多元互动课堂。多元互动的课堂是激发学生对英语学习产生热爱的主要场所和主阵地。这里的“多元”指的是学生交流对象的多元，听说读写技能转换的多元和评价形式的多元。而这里的“互动”指的是语言、文化、思维层面的相互理解和交流沟通。在课堂上，这些要素相互作用、相互渗透，所开发的不仅是语言的潜能、智力的潜能，更有心理、道德和意志的能力，而这一过程必然激发个体的情感，强调个体的实践体验。从根本上说，它是以学生为本，一切为学生发展服务。通过多元互动的课堂活动，学校为学生创设更多参与和实践的空间，使学生在英语学习中锻炼听说读写，享受人文熏陶，获得交流体验，提高思辨能力。互动交流是方法、是过程，终极目标是使学生享受学习和运用英语的乐趣，并激发他们以极大的热情投入英语学习中，成为自主学习者。课堂上的互动，不仅有教师与学生的互动，还有学生与文本的互动，以及学生与学生之间的互动。世外的每位教师都掌握了这种情景式的教学方法，互动活动的内容也多种多样，比如有的教师和学生就“课”的主题进行交流，讨论青少年成长的烦恼——怎样改掉坏习惯，如何和父母进行沟通，如何缓解学习的压力，也会涉及人生观、价值观的讨论——什么是成功，如何定义英雄等等。有的教师会在课上引入模拟性互动，如看病、购物、采访、

2004 年，朱萍老师在 APEID 会议上进行课堂展示

座谈、工作面试等。到了高年级，教师会采用讨论和辩论方式与学生互动，帮助学生理解文本，学会检索、处理信息，提高口头表达能力，发展辩证思维。这种方式，使整个课堂很“活”，学生的学习兴趣极大。应该说，世外在互动中开展的交流，不仅是知识内容的交流，更是高质量的信息、思想、情感的交流。通过信息的沟通、思想火花的碰撞、情感的激发，使整个课堂充满活力。这也为学生在课外的自主学习、探究提供了强烈的驱动力。学生在互动中锻炼听说读写能力，完成从语言输入到语言输出的转换。

所谓“高”，指的是通过英语课程设置，促进学生创造思维的有益培养与发展。世外的英语教学根据美国心理学家安德森的认知目标分类（记忆与理解、应用、分析、评估与创造），明确了各年级学习过程中，教师需要关注的思维培养的侧重点。

世外各年级思维培养的侧重点

	六年级	七年级	八年级	九年级
创　造	√	√	√	√
评　估			√	√
分　析		√	√	√
应　用	√	√	√	√
理　解	√	√	√	√
记　忆	√	√	√	

从上表可以清楚地看到，学生的创造思维，需要从低年级就开始。世外自六年级展开英语创意广告比赛，学生从绘本朗读到尝试绘本创作，在编故事中配插图中体会到创作的乐趣。到了八年级，各个班级组织英语新闻、演讲比赛、英语原创小品比赛、英语征文比赛、英语鉴赏等，更加注重对学生思维的培养。在世外，不管是

老师，还是学生，都懂得一个朴素的道理：学好语言最终让你受益的是思维。世外在 2012 年 7 月出版了《初中英语阅读教学设计》，主编是英语教研组组长朱萍，编者就是全体英语教师。这本书写的内容是每位英语教师上牛津英语的真实个案，主题是在每堂课中，如何就阅读教学培养学生的思维。从 2012 年至今，世外的英语教师又在研究新的课题——在初中英语写作教学中培养学生的思维能力。目前研究主要从两个领域展开：一是学生在写作前、写作中、写作后的修改过程中，教师如何提前介入，怎样开展有效的辅导；二是如何指导学生写作不同体裁的作文。这项研究倘若取得成功，那么学生的综合能力，包括思维能力、逻辑能力、想象能力、信息收集能力等，都将获得有效的进步。

所谓“能”，就是着重在学生能力的培养上下功夫。世外英语学科的校本培养目标围绕基础、习惯、语言技能、国际视野、人文素养、学习策略、发展综合能力等七个方面展开，其中最本质的是培养学生的综合能力，即解决问题能力、沟通能力、合作能力、思辨能力、创新能力、终身学习能力等等。世外英语组的每一位教师，都对自己身上承担的短期目标、中期目标、长远目标很清楚，比如世外培养学生的总目标是什么；课程总框架是什么；怎样从打基础、养习惯、激发兴趣一步一步提高，然后怎么做到涵盖英语学科培养目标的七大方面；也很清楚各年级有所侧重，并根据这个年段目标形成单元框架和课时框架。根据全校的课程总目标和各年级组的分目标，英语全教研组齐心协力，在课程框架的指引下，探讨教学有效性、学习策略的培养和学习评价的改进，帮助学生学会、学好、会学、善学，进而成为终身学习者。

来自学生的认可与对于母校的热爱，是对世外教育的最好肯定。近年来，有许多世外学子愿意学成归来，回到这片曾经生活了四年的土地上来，再续与世外的情缘。这些回来的孩子们变换了身份，从昔日的学生变成了站上三尺讲台的老师，不变的是他们对世外的情。我校日语教师田欣怡就是这样一个世外人，她曾写过一篇名为《我的世外情》的文章，文中田欣怡这样描述自己学生时代学习英语的情形——

> 2001年秋，在浦北路380号，我穿着蓝白色的校服，背着大大的校包，成为世外的一名学生。我从未想过一所学校能对英语课程如此重视，也从未想过老师对学生如此用心……每节英语课前，随着铃声响起的是我们一边用手指敲打桌面，一边朗读 rhythm 的声音。丰富的英语课需要我们打起十二分的精神去听讲，在这里，我们是课堂的主人。预复习是每天必做的功课，除非你想在放学后去英语办公室听录音。每到中午，英语办公室永远是校园里人气最高的地方，挤满了等待背书的学生。课堂上，周末的录音作业里，老师一次次的纠音，让我们的口语越发纯正。毕业后时常能听到别人这样的赞美。“你的英语真好听”，那时的我会骄傲地说：“因为我是世外毕业的。”

二、二外教育　内外兼修

对于世外这样一所以外语教学为特色的学校来说，只在作为第一外语的英语教学上花时间、下苦工是显然不够的，学生在学习过程中对于其他语言也应有所涉猎。作为对于外语教学的开拓创新，我提出了对学有余力的学生开设第二外语课程的想法，起初的目的是巩固并促进学生第一外语的学习。从语言学习的规律来看，外语学习在学习方法方面有很多共通之处，二外学习必将促使他们更好地学习一外。更重要的是，作为教师，我们通过指导学生学习语言，使学生对更多国家的文化有更多的了解，从而了解中外文化的差异，真正成为能够促进国际间交流、走向世界的现代中国人。

白手起家创设二外课堂

雁过留痕，要了解世外中学二外课程的特色，就要先回溯它的历史。与英语学科的发展相类似，二外课程创办的初期不可谓不艰难。

犹记得当时二外师资紧缺。1996 年，学校在创办伊始就开展了德语和日语的第二外语教学。当时二外课程面对的对象是初一和初

2010 年，罗佩明在第二届世外杯德语研讨会上发言

二部分学有余力且对第二外语感兴趣的学生，因此学校将其放在了选修课程中供学生选择。然而当时我们不得不面临二外师资紧缺的问题，就拿德语来说，当时学校只有我一名德语专职教师，另有一名德语兼职教师和一名日语兼职教师。为了改变这一局面，在完成教学任务的同时，我没有忘记动用自己所有的人脉关系为世外的二外学科觅良师。其中特别感谢原南京外国语学校德语教研组长程虹老师的鼎力支持，当时程老师退休后寓居上海，我便邀她出山，来到世外亲自授课。1999 年 9 月始，学校有了两名专职日语教师。同年，学校在当时的境内高中部开设日语和德语选修课程。必须特别指出的是，在创业初期，教日语的王静老师是除我之外，世外第一个真正意义上的专职二外教师，王老师曾在身兼校办职务的情况下，坚持每周六为学生上日语课，从不抱怨。

犹记得当时为确定二外教材而奔波。之所以说二外的发展历程与英语学科的发展历程类似，是因为在课程开始初期，二外的课程发展同样受制于教材的问题。我们跑了许多书店，都未找到适合的德语教材。我们考虑用夜大的教材，但最终因为教材内容过于纷繁复杂而放弃；我们也尝试用过一段时间的广播教材，但广播教材往往一篇课文就包含了四五个语法点，对于中学生来说一是知识储备很难达到课文的要求，二是当时世外的二外课程每周只有二、三个课时，老师无法在有限的时间里将那么多难度颇高的课文全部讲完、讲透彻，所以广播教材也因此淡出了世外的二外课程。总而言之，当时市面上可以找到的教材，要么进度太快，要么教材中的部分主题并不符合学生的年龄特征，偏成人化。

我一直认为，面对一件事情，要做就要认真做，把事情处理得高规格、高水准，而非表面功夫、草草了事。所以在当时的情况之下，我提出了德语组自编教材的想法。为了尽快将自主编写教材一事落实，我找出了自己在上外附中任教时所编写的一套教材，这套教材以单元的形式构成，每个单元都有自己的主题，所编写的课文在文章中心内容上很突出，在表现形式上以对话体为主，基本涵盖了最常用的日常德语会话。这套教材有一个特别之处，就是所有的课文都分成了A、B两个部分，两个部分的内容分别针对培养学生的对话能力与叙述能力而设计，并且每篇课文都辅有与课文相关的、形式各异、有利于交际的语法

2005年，罗佩明为学生上德语课

练习，并穿插对德语语音的训练。重温了整套教材之后，我并没有选择直接拿来就用，而是结合时代需求作了相关补充。当时德国歌德学院组织的欧盟语言学习标准测试中，对学生的听力及阅读能力都有较高的要求。针对这一实际情况，我对自己编写的这套教材进行了调整，增加了听力材料和阅读材料，经增补之后才拿出来供世外学生使用。经时间检验，这套自编教材符合生活实际，学生很容易进入到课文所创设的情境中去，学得得心应手，也更愿意开口交流，真正地在交际中用起德语来，这些是对我心血付出的最好回报。

在二外课程的初创阶段，我和我的团队清楚地意识到学生学习的难点，其最根本的在于学生基本上没有学习二外的基础。基于这样的学情，初创阶段二外所确定的学习教学目标简单明了——一是学生能够掌握基础词汇和语法以及日常用语；二是学生能够进行日常会话交流。事实证明，这一阶段的教学目标，我们不仅落实了，而且落实得很有效果。

就这样，二外课程在一片空白中起步，在我与学校二外老师的努力下渐渐有了雏形。这一摸索的过程中，我受到了来自学生和家长的肯定与支持，这些鼓舞人心的力量推动着我继续为二外课程的发展耕耘不辍。2001 年 9 月开始，二外教学进入了一个蓬勃发展的历史时期，我们在七、八年级的二外课程中增加了法语学科。2004 年 9 月，由我亲自设定了《德语教学大纲》，日语组则在朱建华副校长的指导下制定了《日语教学大纲》。2005 年 9 月，学校开始尝试在六年级全面开展德语二外教学，每周一节课，由我和德领馆派遣的德语外教上课。

在初始阶段，二外课程的教学目标是学生能够通过学习二外，掌握基础词汇和语法以及日常用语，能够进行日常会话交流，同时具备一定的听说能力。在第二个发展阶段当中，世外的第二外语教学不断成熟壮大、持续发展。我们对于目标的落实没有停下脚步，而是将步子迈得更大、更有自信。2006年，时任世外中学校长的徐俭作出了一个大胆的决定，就是在六年级普遍开展第二外语的教学，一个星期安排一个全体学生都上的二外课时。其目的是在于让每一个学生都能参与到学习二外的队伍中来，从六年级就开始找一找自己在二外方面的兴趣点。在这一阶段中，师资队伍虽有扩大，但仍无法做到安排上的游刃有余，所采用的授课方式是将一个班级分成两个小班，其中一个小班的全体学生学习德语，另一个小班的学生则全部学习日语。学生在经过一年的学习之后，可以感受到自己对目前所学的二外语种是否真心喜欢与适应，这也对学生在七、八年级学习二外、选择语种时起到了积极作用与影响。

秉承着对教育事业的热爱，时任学校副董事长的我在这个阶段中依然承担了一个德语班的教学工作，并用了将近一年的时间，亲自编写了适合六年级学生用的 *Schnupperkurs*（《闻一闻德语的味道》），完成了德语教材的定稿。这套教材一共有十个单元，每一篇课文都附有词语解释和相关练习，同时考虑到低年级学生的学习兴趣，我还在每篇课文中都配上了有助于学生理解课文内容的图片。可以说，这本教材的所有单元，几乎涵盖了当今最基本的德语会话，且呈现形式生动丰富，在提高学生学习德语的兴趣上又做了进一步的探索与尝试。通过使用这套

2009年，德国姐妹校校长亲自为世外中学德语班学生上课

2010 年，世外德语教师在第二届世外杯德语研讨会上向专家请教

教材，能够让学生在每周一节的德语课上对德语的语音特点、语法规律、日常生活所需的词语都有大致初步的了解，以便七、八年级时选择是否继续对于德语的学习，与此同时，也给了老师选择学生的参考。至此，世外在二外教学方面的“1+2”模式基本成形，即第一年在全年级普及二外，后两年学有余力的学生继续对二外的学习。

也是在这一发展阶段中，德语和日语两门学科同时确定了六年级的校本教材，之后德语的七、八级校本教材得到了落实，日语的七、八年级的校本教材也处在了有序的推进过程中。在德语组研究教材的过程中，我一直非常关心教材编写的进度，并利用教研活动的时间，提出了一些修订的意见和建议；当德语六年级、七年级、八年级三本德语校本教材完成后，我通读审阅了整套教材，并做了指导与修改。不久后，德语三套教材在学校六、七、八三个年级进行了广泛的试行，最终都获得了非常良好的反应和效果。那时，我的内心高兴极了、欣慰极了，自己几十年为之付出的课程在世外这片新沃土上终于得以顺利地生根、发芽。

日语包括之后法语和西班牙语的教材编写，也大体走过了与德语校本编写相类似的过程。三个语言组的教师大量阅读并参考国内外原版教材及国内出版的教材，花了几年的时间，自行编写了日语、法语、西班牙语校本教材。这些教材在初中年级进行了大范围的试行。从学生的反馈来看，师生对于三套教材还是很满意的。

另外，不得不提的是，在第二阶段中，二外各语种的老师们都开始对二外的考核、评价机制进行了有效的思考与探索。起初，我们对社会上普遍使用的、领馆认可的考试形式（如等第制）进行了有意识的借鉴。以德语为例，如果一个学生在课程结束时能获得 B2 级别的评价，那也就是说这名学生的德语水平已经达到了德国本土初中毕业生的水平；如果学生获得的等第为 C1，那说明他的德语水平已相当于德国本土高中生的水平。对于考评机制，二外组的老师们在接下来的时间中也不断钻研与完善。后来，考虑到“没有规矩，不成方圆”，为了保证二外学习的规范开展，也为了激发学生学习第二外语的热情，我还请教导处制订保证二外学习的各项规章制度，如《第二外语学习要求》、《学科作业规定（分语种）》、《选修第二外语学生的选拔规定》、《二外课程制度》、《第二外语奖学金制度》等，这些规定和奖励制度的落实，使二外课程能开展得更有序、更顺利。

随着二外教师队伍的日益壮大，2008 年 9 月，七、八年级的二外课增加了西班牙语。2008 年 9 月，国际融合课程——大学预科项目正式将德语、日语课程纳入所开设的基础语言课程中。2008 年 9 月，国际融合课程——中学项目

2009 年，世外承办日语演讲大赛

也开发了第二外语教学。2008 年 9 月，世外第二外语教研组正式成立。2011 年，六年级学生可以自主选修日语、德语、法语、西班牙语四个语种中的任意一门。

经过多年的语言教学经验积累，世外的二外教研组逐渐形成了本土化的教学风格。秉承学校 P&P、C&C 办学理念，结合本校学生特点展开不同层次、不同水平的第二外语教学工作，世外的二外教学确立了“培养可持续发展的、阶梯式的中学生多语语言能力”的教学目标，制订了初中阶段和高中阶段两步走的阶梯式教学模式。

初中阶段以“体验 + 培养第二外语语言学习兴趣”为目标，着力激发和培养学生学习第二外语的兴趣，使学生树立自信心，养成良好的学习习惯，形成有效的学习策略，发展自主学习的能力和合作精神，从而在英语学习的基础上，更好地巩固学生自我对于外语学习的良好习惯和学习方式。打好第二外语入门的基础，能够进行日常口语交流，促使学生在较为深入浅出的语言学习中将外语作为一种交际的工具，同时又不乏对于第二外语背景下国家文化的人文素养的了解和培养，结合我校二外姐妹校的联动优势，更好地真正参与到国际间的跨文化交流活动中去。

高中阶段的二外教学则以“国际视野下的语言多元化应用能力和思考能力”为目标。多元文化理解是国际融合课程——大学预科项目教学大纲中的主要因素。因为研修所学语言时，学生会认识到自身文化与所学的目标语国家文化之间的相似和不同之处。而具备了这种认识之后，学生就会更加尊重他人以及他人的生活方式。高中的二外课程旨在以各种不同的方式方法对文化价值和行为举止进行反思，非常适合用于培养国际视野，最终达到发展学生的多元文化理解，培养他们对全球性问题的关注，并提高他们对当地事务承担责任的意识的教学目标，并为大学阶段第二外语的继续学习进行铺垫，使学生在这一阶段的学习中对语言、对文化具有独立的思考能力。

应当看到的是，世外第二外语组的教学思路并非要与成熟的英语组教学区别，而是彼此有联系，并且把目标定位为：在有英语语言学习基础上，展开对学生语言能力可持续多元化发展的递进模式。

20 年来，第二外语组无论从课程设置还是从教师人数都得到了巨大的发展，从最初只有两门语言、只在兴趣课开设，到如今全校各类教学课程都设置了第二外语课。在此我要特别感谢在初创阶段帮助过我们的外聘老教师，他们分别是德语程红老师、贾为德老师，日语黄雪珍老师、孙国群老师，法语关慧梅老师、鲍美洁老师和庄刚琴老师等。

每一次回顾二外发展的心路历程，感动之情都会涌上心头，在这门学科的发展上，我倾注于它的心血就好像是对待一个初生的生命一般，看着它茁壮成长，慢慢形成自己的特色，我感到幸福万分。通过实践，我们发现学生学习二外通常会遇到四大难点：第一，受第一外语英语发音和语法结构影响较大；第二，学生在考试学科的课业负担下，学习第二外语的时间精力有限；第三，学生对于语法学习有所畏惧，对枯燥乏味的教学方式提不起兴趣；第四，学生二外学习经验不足，学习方法和习惯和活学活用的实际运用能力欠缺。因此，这就要求教师激发学生学习语言的兴趣，帮助学生充分利用课堂，有效率、有方法地学习语言，并在交际性的语言环境中充分操练语言，做到学以致用。与此同时，根据课堂主题，适时地渗透目标语言的文化背景和礼仪及风俗习惯。二外教学的目的和意义在于“授之以渔”，我们会经常听到教师之间有这样的对话：一位教师问：“你教什么？”另一位教师答：“我教数学。”讲这个故事的用意是希望大家明白，教师不是教数学，而教人学数学、教人学语文、教人学外语。简而言之就是教师不是重在教书，而是重在育人，老师的职业特点是与人打交道，我们教学的一切目的是促进学生的发展。世外人希望通过二外教学，培养学生可持续自主学习语言的能力，并对学生今后学习其他外语有一定的借鉴意义，充分体现二外学科的工具性、交际性和文化性。

基于上述构想，10多年来，二外学科组的老师们秉承教学培养目标和世外P&P、C&C的办学理念，根据世外学生的特点，在不断的实践中探索适合我校二外教学的立体化课堂模式。

营造自然的语言学习环境

我校开展的二外学科基本属于小语种，普及程度和可用资源都远不及英语，学生能运用第二外语的机会很少。加之这些语言的语法比较复杂，要让学生正确无误地开口，难度不小。因此，我们坚持从起始年级的启蒙教学开始，就以目标语言作为主导教学语言，强调听说领先，以改变传统语言教学“开口难”的弊端，在课堂中模拟生活化的情景，尽可能营造“沉浸式”的语言学习环境，让学生尽可能多地接触和运用语言。

二外教师们从英语情景教学法中汲取成功的经验，他们看到，英语情景教学模式的灵魂是追求学生认知活动和情感活动的协调。在情景教学中，学生是情绪感受、认识学习的主体，他们积极参与，自然放松地、真实流畅地表达情感，每一次教学过程都会在学生心灵深处激发积极的情感体验。因此我们着力设计贴近学生日常生活的情景，使学生通过对话、表演等形式开展交际，融入语言交际的环境中习得语言，促进学生用所学语言主动地进行交流，并激发学生的学习兴趣，逐步培养他们语言的实际运用能力。

以德语教学为例，德语被誉为世界上最严谨的语言。从语法的角度看，德语的构词、句式结构和语序都必须遵循复杂而十分严格的规则，如谓语动词在句子中的特定位置和句子的框型结构。语法的复杂性如动词、词尾等繁复的变位形式造成初学者开口难的问题，以及对于繁琐语法规则的畏惧。正是基于德语规则性强的特点，我们在课堂中创设贴近现实的语言交际情景，让学生体验观察语法现象、整理归纳语法规则、操练运用语言进行交际。在教师的指导下逐步探索、循序渐进地习得语言。学生在学习一个新语法点时，由教师提供材料、创设贴近生活实际的情景。同学们首先能通过听或看感受语言、探索语法。由于德语语法结构的直观性，他们能凭借自己的观察，通过标记、归类、整理等方法发现语法规律，并初步尝试模仿。学生自己归纳出的语法规则更有利于理解和记忆。最后在教师的指导下，通过各种形式的课堂活动进行操练巩固。在教学手段上，我们力求生动，努力将 PPT、图片与教师动作表情相结合。一方面，帮助学生更好地理解课堂内容；另一方面，有趣的图片和教师略带夸张的肢体语言能有效地吸引学生的注意力，调动他们的课堂积极性和学习兴趣。我们注重启发学生的思维，培养学生在语言学习中比较和举一反三的能力，引导学生借助第一外语英语的“音”或“形”理解生词，并学会比较两种语言的特点，以帮助理解和加深印象。我们也关注课堂环境的愉悦性，创设轻松和谐的课堂氛围，并配合适时的鼓励，帮助学生树立自信心，激发学习兴趣。

鼓励培养自主学习的习惯

我们坚持以学生为中心的教学原则，调动学生在语言学习中的积极性和自主性，强调协作学习和通过亲身实践习得语言。教师在教学过程中所扮演的更多是引导者和活动的组织者。学生则位于教学的中心位置，通过全程参与课堂教学活动，积极主动地发现问题、提出问题、思考问题、解决问题，来掌握语言知识、提高语言水平。当然，创建这样的学习模式，要求教师充分了解教学对象的学情，并做好足够的预设。每一个步骤必须环环相扣、层层递进，符合思维的逻辑性。在整个过程中需要时刻关注学生，适当给予点拨、帮助与鼓励。 最后要给与学生清晰明了的解释和总结，尽可能解决学生在自主学习过程中遇到的疑问。可以说，学生在“体验—归纳—反思—实践”的过程中掌握了语言知识、提高了语言交际能力，同时也逐步构建起了属于自己的经验和知识体系。

然而二外老师们并没有因此停下脚步，而是继续在实践中探索，在探索中不断反思总结。我们希望借助集体智慧和团队精神总结出一套最适合世外学生的科学、有效的二外教学模式，让学生逐步消除对二外学习的畏惧感，提高学习积极性、学得快乐且高效，并能学以致用，为今后更高层次的语言学习打下扎实的基础。

重视评价的激励功能

所谓激励，当然有鼓励和鼓舞的成分，我的理解更多的是充满期待。促进学生活泼成长的最大动力就是充满期待，因为期待对于学生来说，如同阳光雨露之于嫩苗。它不仅是学生努力的动力，而且是他们学校快乐生活的源泉。由于教学的体系不一样，针对国家课程与国际融合课程的教学，采用了不同的评价方式。但不论采用怎样的评价方式，都是为了全面培养学生的听说读写能力，通过评价，围绕学生的学习生活，开展有助于他们成长的教育。

其中，国家课程的评价方式比较灵活，口试和笔试各占50%。对此，我们的想法是：希望通过加重口语考试成绩在总分中的比重，引导学生更重视口语的学习与操练。口试的形式包括互动问答、主题演讲、即兴演说、情景对话等。通过强化对听力理解、语音语调、交际沟通等能力进行评价，使二外的学习更具有实践意义，更有用，更有针对性。笔试的形式有语法题、词汇题、阅读题、写作题等，考察的是学生的基础文法、文本理解和书面运用表述能力。书面测试一定程度上帮助学生梳理知识点，为口语能力的发展提供后盾。我们有意识地把国际融合课程评论中的先进理念引入国家课程的二外考试中，比如在口试的演讲部分，要求学生在演讲时一定要有听众意识。正是基于这一方面的训练，很多人告诉我，世外学生很懂演讲，演讲时能够抓住人心。

而国际融合课程中学项目的评价方式按照语言课程评估标准考查四个项目：阅读理解、写作能力、沟通交流、语言运用。要想得到最高的8分，在语言运用上就必须做到精确运用基础词汇和语法结构，组织运用材料清晰明了，并能准确运用连接词，所选用的文体应适合文本。以上要求，在课程初期就会明确告知学生，学生在考前就知道了考什么和怎样才能考好，它对于学生怎样复习、怎样才算复习好，做到心里有底，学习起来就更有劲头了。另外，中学项目的评价方式很注重过程，它不是通过期末的一次考试论成败，而是在一个学期中至少进行两次评估，以此根据学生的学业发展趋势给分。这样做的好处显而易见，如此得出的成绩能更好地反映学生的真实能力，引导学生持续性学习，同时也减轻了学生的考试心理压力。当然，从另一个角度来看，这样的评价方式对教师来说是增加压力的，这对于教师的出题命题要求非常高。比如这就决定了教师出的题目必须要能给学生的发挥留有足够的空间，绝不能出选择题，也不能出判断题，应该说，这种评价方式是非常科学的，学生无法用应试方式拿到高分。

就国际融合课程大学预科项目而言，第二外语学科隶属于该课程六大学科组的第二学科组。课程中开设了德语、日语和法语三门第二外语，称为初级语言课程。初级语言课程的宗旨是鼓励学生发展对来自其他文化的人们的观点的认识和理解，同时也能掌握这些文化的语言技能，包括接受技能、表达技能和互动交流技能。针对这两个宗旨，二外有书面作业、校内评价、全球统一考试（包括试卷一和试卷二）等评价项目——书面作业是在教师指导下，由学生自己选择某个话题所开展的独立研究。学生所选择的话题，作业要求是澄清自身文化和所学语言文化之间的差异与相似之处，并对这些差异或相似之处，运用描述、比较和反思，用所学语言撰写一篇连贯的文章。学生完成的作品由学校统一寄给国际文凭组织总部，由他们分发给世界各地的考官处进行评分。文章一般于高三第二学期的 3 月初寄出。校内评估即口头活动，学生以口头的方式展示他们对所学语言的技能和知识的应用。这项口头活动包括三个部分，一般持续 10 分钟（之前另有 15 分钟做好准备），第一部分是学生对视觉启发材料作出口头表达，大约 1、2 分钟；第二部分是学生回答教师针对视觉启发材料提出的问题，大约 2、3 分钟；第三部分是普通会话，大约 4、5 分钟，所有内容必须进行现场录音。

学生口头活动的录音在高三第二学期书面文章完成后马上进行，一般于 4 月 1 日之前全部完成，并上传录音和图片到国际组织网站，由国际考官进行评分。世外参加每年 5 月的全球统一考试，考试分为试卷 1 和试卷 2。从考试本身来说，参加全球统考占总分的 55%，其中，试卷 1 占 30%，试卷 2 占 25%。试卷 1 是 4 篇阅读理解：要求考生完成各种各样的文字应答练习题，旨在评估学生阅读和理解一系列原文材料的能力。阅读材料页中包含4段文字材料，试题及应答页中包含多达40道文字应答练习题。试卷2是一篇小作文和一篇大作文，这是对学生两年多语言学习写作能力的综合考试。学生把试卷1和试卷2做好后，由学校统一封卷，并由学校寄到国际文凭组织总部进行评分。

在世外，各部门评估标准虽在呈现方式上各有不同，但所有的评估都围绕着提升学生对多元文化的认识和理解展开，同时尽量让学生掌握二外。这三项评估体现了世外中学从过去片面注重学习成绩转变为关注学生的学业成就，背后蕴含着对学生道德品质、身心健康和能力发展的要求。同时，三项评估都是为了解学生整个学习过程，采集、积累许多数据，以便更好地了解学生的现状，以及思考下一步怎样更好地为他们的学习服务。所以，不得不说，二外课程在课程评估上走在了前面。

学习二外与学生成长的关系

分享实践经验之余，我和我的团队不断思考，学习二外与学生成长之间，究竟是一个怎样的关系？

我想，学习二外，有助于提升人的学习能力，拓宽人的视野。比如课堂上进行辩论，有正反方的观点，一方面培养语言能力，另一方面也培养学生的思辨能力；又如阅读课上分析研究一篇文章，分析的不仅是语法结构，更重要的是学生会形成自己的观点，提升学生的思维能力。学习二外，还能体验到不同文化的魅力，学生能接触这种语言背后的文化，能体会到这种语言背后的文化气质，比如学德语的人会显得更沉稳，而学法语的人相较之下可能更为奔放。世外学生的语言文化活动也比较多，比如有德国文化周、有西班牙文化周、有法国文化周等。在办文化周的过程中，学生不光是语言有提高，其他各种能力也有提高，而且受众很广。世外学生在这样的环境下，通畅交流，学生会在最大程度上获得自信力。

学习二外，会帮助学生体验成就感。比如语文课上学《我的叔叔于勒》、《最后一课》中出现的法语单词，学生会因为自己会读、会念，对这些课文产生一种别样的成就感和兴趣，同时也更能体会作品的情感和价值观。学习二外，学生能体验到更纯粹的学习动机——因为没有过多考试上的压力，所以学生学得更轻松，也就会更主动地去了解并不一定只有因为考试才去了解的知识，这样反而解放了他们，他们会学得更扎实，比如他们会去看许多有名的小说，有名的电影，会自觉地了解整个世界。

学习二外，可以与学习英语相辅相成。世外学生有比较好的英语基础，有了这个英语优势，他们学习二外更容易一些。学习二外可以帮助他们扩大词汇量，语言的学习本就存在共通之处，各个语系之间确实存在相互渗透的关系。遇到没有学过的英语单词可以试着用西班牙语去推测，用法语去揣摩。

学习二外，也为学习其他语言做了铺垫。二外的课堂不仅是语言课，还是文化课。它可以更加深入地思考两个不同国家的人的思维方式：为什么不同的思维方式会构成不同的文化。语言学习不仅是对外的开放，更是对自己祖国语言文化的探究。各国语言非常庞大，学习是无止境的。学习二外，可以更了解目标语言国家的文化，更为学生们以后学习其他语言作铺垫。他们会思考各种语言打通后的学习方式和思维方式，用二外学习的方式去学习其他语言。世外学生的语言背景，家庭背景同样也比较丰富。境外部学生有各种国籍，他们的父母中有一方是中国人。这样，一个学生学英语是习得一门语言，二外又是一门语言，父母的本国语又是一门语言，他们长大后就会三四种语言。这样的学生再到各国，他们会和别人不一样。

学习二外，学生也会更懂得规划自己的人生。曾有学生在初中时二外选修了日语，不光因此了解了日本的文化、风俗，学生的思维方式和视野也打开了。更重要的是，学生开始对自己的未来有了规划和憧憬，自己真正开始为自己的人生画卷绘制蓝图，不再迷茫，也不再盲从，而是认真地去思考自己今后的每一步应该怎么走才能成为一个对社会有价值的人，这何尝不是教育的目的所在。

倘若让我用四个字来概括二外在世外能发展得如此之好的秘诀的话，也许“内外兼修”比较适宜。因为我们苦练内功、自力更生，咬定青山不放松；我们也主动展示、争取外援，在我的主持下，世外的二外团队一直与德领馆保持着良好的合作关系。我曾亲自打电话给德领馆文化教育处的主管，汇报世外开设了德语课程，并热烈欢迎对方来世外了解德语教学的开展情况，来听听我们的德语课。领馆方面对此表示出了极大的兴趣，并且派人来到世外听了我们的介绍和徐卓成老师的一节课，他们吃惊于我们在低年级就用的全德语授课模式，吃惊于我们的教师与学生的水平之高，对我们的教学方法和教学思路都非常满意，认为与他们在其他国家所看到的二外教学方法一致，符合时代的要求。打这以后，德领馆就一直向我们的老师提供许多出国进修的机会和文字影像资料，帮助我们在教学理念与方法上能更加先进。可以说，所有这些“外援”靠的是我们主动的争取和实力的展现。

20 年间，二外从最初只有两门语言（德语和日语），发展到了现在已经拥有四门语言（德语、日语、法语、西班牙语）的成熟课程；从最初只有两门语言只在兴趣课开设，到如今在全校的各类教学课程都设置了第二外语课。世外的二外学科，都已成为学生最爱的课程之一；从教师人员的数量来看，刚建立二外教研组时只有4名教师，到现在整个教研组发展成为12名成员，其中包括了3名德语老师，3名日语老师，4名法语老师，2名西班牙语老师。这12名教师，都已成为有思想、有理论、有钻研、愿奉献的合格教师。

20年间，我见证了二外在世外的发展，我看到学生在学习二外的过程中，从生涩拗口的发音到流畅丰富的表达之间的转变；我看到了学生通过学习二外，对另一种陌生的文化从蜻蜓点水似的了解到身临其境的体验之间的转变；我感受到了学生在学习二外的过程中对另一种思维从生硬扭曲的模仿到习惯自如的转换。这些悄然发生在学生身上的奇妙变化，展示出了世外学生学了二外之后深刻的学习体验，更是对于整个二外课程的褒奖与鼓励。

三、信息科技　面向未来

当今时代是一个信息构成的时代，人与人之间的沟通交流超越了之前任何一个历史时期，这其中，以人与人之间面对面的交流为主，所以，我们培养的学生必须要拥有良好的语言沟通能力，为此，世外将外语教学视为重中之重。除了面对面的沟通交流，信息时代之所以被称为信息时代，是因为计算机与网络的飞速发展，因此，对于我们所培养的人才来说，他们还需要具备充足的信息技术和信息化沟通能力，这是时代的要求，更是时代放在我们面前的机会与课题。

自上世纪 70 年代以来，包括联合国教科文组织、联合国儿基会、世界银行、联合国计划开发署等国际组织下发的各种文件中，都提到了人的发展的七大能力，即阅读与交流表达能力，科学探究能力，运用信息技术能力，对信息的收集、把握、分析、判断能力，解决问题的能力，团队合作能力与组织能力和自我管理与自我规划能力。对于上述能力，几十年来，国际上已经取得大体一致的看法。

再来看我们所处的现实环境。从年龄跨度而言，世外现在所培养的中学生，基本上是“90 后”和“00 后”。这一代中学生可谓信息社会的“原住民”，他们一出生就面临着一个无所不在的网络世界：网络就是他们的生活；数字化生存就是他们从小就开始的生存方式，他们利用QQ交友聊天，利用百度搜索信息，阅读网络信息，听网络音乐，玩网络游戏，追随网络文化。问题的另一面是：目前社会上还存在着相当严重的浮躁心理，教育的急功近利使人们很容易在育人这一根本点上迷失方向，人们精神生活的浅薄化、快餐化、碎片化，很容易培养出对什么都懂一点、对什么都是人云亦云、毫无自主意识的中学生。在社会现实面前，作为一名校长，要有极其清醒的头脑：我们要给孩子的到底是什么？面对网络提供的浩瀚资源，面对丰富且良莠不齐的信息，如何正确地搜集、整理、分析和判断信息，如何在信息技术面前成为一名强者，换而言之，让我们的学生，从“接受变化的世界”到“融入变化的世界”，显得十分重要。

带着这样的使命感和思考，我和世外信息教研组的老师们深入交流，把“希望将信息学科打造成世外继英语之后的另一门特色课程”这样的希冀传递给了年轻的老师们。历经三个历史阶段，在20年之间，他们做到了，且做得那么好。有这样三个名字，世外的老师们一定相当熟悉——陈勇、卢文来、王丽丽。如今，他们依旧在世外的不同岗位上兢兢业业地付出着、耕耘着。三个拥有不同个性的世外人，有一个共同的“家”——世外信息教研组。作为信息组的三任“大家长”，他们始终以自己的智慧推进着信息课程一路蓬勃发展。依然是这样的一种想法，作为校长，我的重要任务就是发现人才、用好人才，让每个人尽其所能、施展才华。在对信息进行学科定位的基础上，给予他们足够的支持，给予组长们充分的尊重与信任，给予组内教师提供充分的发展空间和创意想象力。

信息教研组的三任“大家长”

领先一步　严于律己

信息组发展的第一阶段横跨20世纪末与21世纪初（1997年9月—2003年6月），就全上海而言，当年教育界普遍未对信息技术引起足够的重视，一般中学本身拥有的计算机很少，上海中学生的计算机操作水平普遍较低。在这一背景下，我和陈勇联系学校的实际对这门课程进行了分析与定位：信息科技课程是一门基础型课程，对学生的一生发展难以估量，我们要给予重视；信息科技课程又是一门非中考学科，我们完全可以放开手脚，让学生学得多一些、学得活一些、学得好一些。最后，我俩达成共识，信息科技课程应“基于标准，高于标准”，力求做到“人无我有，人有我优”。

作为一位对世外的办学理念有着深刻认识、视野比较开阔、拥有独到的教学见解、且坚持不懈的教师，陈勇对信息科技课程作出了这样几条决策：一是课时数定得比较多。六年级2课时、七年级1课时、八年级1课时（比其他学校多一倍）。这样安排课时的原因是，如果世外的学生要在信息科技领域比别的学校的学生“先一步，高一层”的话，就必须要有足够的课时数作为保证。二是确定的课程内容和校本教材标准比较

2016年，陈勇在信息课上与学生互动

高。由于世外定下了“基于标准，高于标准”的基调，所以我们没有选用上海市统编教材，而是采取学校自编校本教材的形式。从教材的深度和广度上看，世外校本教材确实是大大超过了市统编教材。三是信息科技课程应为学生打下两个很重要的基础。在当年，世外已拥有标准的计算机房，我们要求全校每一个学生都要学习中文打字和英文打字，并且每个学生都必须学会初级编程语言。这两项要求，在上世纪90年代末便提了出来，确实是远远高于当时中学生的基本诉求。

突显锋芒　进步不已

基于第一阶段所确定的大方向和基本决策，信息组在第二阶段（2003年7月—2013年6月）进入全面发展阶段，并在这个阶段中奠定了信息科技课程在世外的特色课程地位。

这一阶段的组长是卢文来老师，她的特点同样很突出，就是很努力、很用功，善于思考，勇于开拓，敢于尝试各种新的东西，并且希望多担一点责任，多获得一点成就感。卢文来担任信息组组长长达10年，她做了大量富有开创意识的工作，毫不夸张地讲，信息科技课程能成为世外一门特色课程，卢文来功不可没。任职期间，她最核心的工作是做了基础课程、拓展课程和探究课程的融合。当时学校确定的信息科技课时数

2004年，卢文来指导学生作业中

是 3 课时，比初创阶段少了整整 1 课时，通俗地讲，是“既要马儿不吃草，又要马儿跑得快”。难能可贵的是，卢文来坚持了下来，而且完成得相当不错。具体来说：一方面，在学校规定的六年级 2 课时内，就把市里规定的考试内容学到位，这样到了七年级的 1 课时，就可以腾出时间做大量的创意项目。另一方面，在每周五放学后或每周日，增加课外的 2 课时，邀请全校初中各年级学生，自愿参加自主拓展项目。利用课余时间，面向部分有特长的学生，开设大量竞赛性项目。基于卢文来对课时的统筹安排，世外学生在学习品质和思维素养的培养上确实是高于一般的初中学校。

此外，在卢文来的牵头之下，世外开展了学校信息化管理的网站建设。大约在 2002 年，学校聘请一家软件公司量身定制世外的信息化管理系统。卢文来参与了整个网站开发的全过程，包括最初的需求分析，到后来的测试修改，再到后来的投入运行。随着信息系统的不断更新换代、不断走向高端，卢文来一直是学校信息化网站建设的参与者、见证者与推动者。在当时的上海，几乎还没有一所初级中学如世外这般付出那么多精力去做这样一件事。

值得一提的是，担任组长的 10 年时间当中，卢文来参与并设计了“立足课堂，面向教育实践”的信息组校本教研。早在 2006 年底，她就自发组织、研讨《课程标准解读》，每一名信息组组员都在博客上发表自己的读书笔记，运用思维导图展示各自解读后的收获与感受。读了一次还不够，半年之后，又展开了第二次解读。通过两次对“课标”深入浅出地研读，使组内教师在解读中整理、在整理中提炼、在提高中升华。在此期间，卢文来和全体组员还共同组织了基于 Moodle 的校本教师信息化培训。信息组老师们清醒地认识到，教师的视野决定了学生的视野，教师的素养影响着学生的素养，教师的创新促进了学生的创新，教师的合作培养了学生的合作。我们只有把自己提升为好教师，才能培养出一大批好学生。

挥洒自如　指引未来

第三阶段（2013 年 7 月至今），在原有基础上，信息科技组在王丽丽的带领下，在提高学生信息素养和提升教师运用新技术开展教学两个方面都有所拓展。王丽丽为人热情，工作富有激情，悟性较好，追求高效，尤其擅长作品设计。近三年来，王丽丽的工作主要围绕“探索基础课程的传统与发扬”、“创建符合未来发展的特色课程”、“开设三门新的自主拓展课程”和“提升教师运用新技术开展教学”等方面展开。王丽丽的成长是伴随着学校的壮大，伴随着整个教研组的日趋成熟而慢慢走来的。为了思考竞赛主题的创意表达，王丽丽曾经通宵达旦地搜集资料、思考主题、整理思路；为了修改学生的作品使其精益求精，她经常放弃休息日；为了给学生更全面的指导，回到家她经常不是照顾自己年幼的女儿，而是忙于和学生联系竞赛前的注意事项。可以说，王丽丽把整个身心扑在学生身上，她的辛苦和执著换来了学生竞赛成绩的突飞猛进，也赢得了学生和家长对她和整个信息组的尊重与信任。作为学校领导，我对她的付出表示感动与支持。

2016 年，王丽丽授课中

目前，在信息组老组长、现任校领导陈勇书记的领导下，信息组开展了课题研究“初中阶段国家课程与国际课程融合的实践

2015 年，世界外国语中学谷歌夏令营 STEM 1

研究”。国内对这一领域作系统化比较研究的还比较少，而这一课题的价值和创新之处在于：一是利用学校已经开展了长达 10 年的国际融合课程实践，通过其与国家课程的比较，找寻这两类课程在课程理念、课程内容、课程评估和教学方法等方面的共性与差异。二是对“融合”的内涵作出探索。这种融合不是简单的谁包含谁，而是打破两类课程本身存在的界限，在“为了每一个学习者的发展”和“为了更好地融入未来世界”的理念支撑下，就课程内容、课程评价、教学策略和学习方法四个维度，找寻两类课程深度融合的具体实施策略。

在教育教学实践中，对基础课程的传承与发扬，在这一课题的推进过程中不断得以落实。以自主拓展的信息课程为例，每周五下午第二、第三节的拓展课《计算机文化》面向全校学生，由学生自主选修。这门新课程于 2015 年 9 月由陈勇开设，他带领组内几位骨干教师，探索计算机文化，是一种启蒙教育，也是通识教育。同一时期，学校引进了上海史坦默国际教育研究中心的 STEM 课程，世

2015 年，世界外国语中学谷歌夏令营

外由此成为上海首批 STEM 课程实验校。首批开设了三门相关课程，其中，信息组牵头《设计义肢》课程，由王鸣九担任主讲。该课程内容有很强的跨学科性，学生可以做关节模型，解剖鸡翅，还得以掌握电脑 3D 设计和编写 APP 等。这门课强调实证性，锻炼了学生的设计与艺术能力，深受同学们的欢迎。2016 年春季，王丽丽开设《创客课堂》，并担任主讲。这门课主要面向七年级学生，是七年级基础课程《Scratch 创意设计》的延续和补充，培养学生计算思维和设计思维。学生可以利用相关硬件，进行创意设计，比如设计简单电子钢琴，模拟游戏手柄操控、停车提示器、家用厨房报警器等各种生活应用，解决生活中实际遇到的问题。

信息科技的学科定位

回顾了信息科技教研组的发展历程之后，还是要再来具体说一说现在这门课之于世外的学科价值、目标定位与课程架构。

在一轮轮的改革浪潮冲击下，我们不断地理解信息素养的内涵，重新审视信息科技课程的学科价值，如果要用五个词来进行概括，那就是：技术（尤其是指核心技术和新技术，引发了技术变革，推动着教育的发展和社会的发展）、创新（技术变革的本身就是创新，学科的价值就是运用创新的技术来创造性地表达信息)、思维(在运用信息技术解决问题的时候，对学生未来影响更长久的是发展思维，包括形象思维、发散思维、计算思维、设计思维、辩证思维。一句话，就是思维放在核心的位置)、道德(在网络时代，特别应该强调网络道德规范和准则，比如：个人隐私、文明言论、信息安全、版权问题等等)、改变(科技改变世界，带领学生体验变化的技术，感受变化的世界，改变世界从改变自己的习惯、思维开始)。

着眼于世外中学的培养目标“走向世界的现代中国人”，这要求我们的学生具有国际视野和宽广的胸怀，多元文化的理解力和接受力，懂得国际规则的执行力和走向世界的强烈的民族精神和民族自豪感。

按照上述目标，信息科技组在培养学生方面所做的定位是：培养视野开阔的人；培养善于思考、善于学习的人；培养具有合作精神与合作能力的人；培养具有求同存异，能够包容他人的人；培养善于、乐于、敢于接受挑战的人。而世外信息科技课程总目标是：知识技能夯实、信息文化传承、前沿技术引领、创造表达能力和综合思维发展。也就是说，信息组希望使学生通过对信息科技学科的学习，夯实核心知识和技能；引导学生追溯历史，见证信息科技的发展历程；关注新技术，运用新技术，思考新技术；学会运用创新的技术来创造性地表达信息；在

2016 年，朱萍授课中

运用信息技术解决问题的过程中，发展综合思维能力，包括形象思维、发散思维、计算思维、设计思维、辩证思维等。

根据上海二期课改提出的三大课程结构，联系世外中学所确定的信息科技课程的目标，我们在2015年前后，形成了富有世外特色的校本课程框架，见下表。

世外中学信息科技学科校本课程结构

课程结构	基础课程	拓展课程	
		限定拓展	自主拓展
学生基础	共同基础		
学习时间	信息科技学科课内学习		学校拓展课
年　　级	六年级	七年级	跨年级
课　　时	每周2课时	每周1课时	每周2课时 自主选课
学习内容	中英文输入 信息与计算机 图像处理 演示文稿设计 电子出版物制作 电子表格制作	google 云服务 一分钟视频创作 Scratch 创意设计	STEM 课程 计算机文化
探究理念	体验过程、学习方法、激励学生自主学习、主动探究及实践体验		

从上表可看到，六年级课内安排2课时，学习中英文输入、信息与计算机、图像处理、演示文稿设计、电子出版物制作、电子表格制作，其内容丰富而实用。课程标准中的基础内容于六年级全部完成，之后参加全市统考。在此基础上，增加了一些富有特色的单元，体现信息科技课程的通性、通则、通法及不断发展的基本能力要求。对于七年级学生，我们将课程定位于限定拓展课程，每周1课时，学习 google 云服务、一分钟视频制作、Scratch 创意设计。世外信息课程注重引领学生放眼世界，关注新教材的发展，将“学信

息技术”、“用信息技术”、“与信息技术一起学”融为一体。上述学习内容面向全体学生，而表格中所涉及的自主拓展课，则主要是针对部分学生（含初中各年段），以满足学生的不同兴趣和特长，帮助他们朝着不同方向、不同层次发展。具体细分时，自主拓展课又可分为两类：一类称为“学校拓展课”，每周五下午开设，2 课时，不占用学科教学内时间，每学期共约 32 课时，全校提供 50 余门课程，涵盖各个学科。截至目前，由信息科技教师开设的相关课程是四门：“STEM 课程”、“计算机文化”、“创客课堂”和“设计义肢”。这些课程，学生全凭兴趣与特长参加。另一类称为“课外学习”，主要针对学科方面有特长的学生。现在，信息科技组开设的提高类拓展课程，主要包括程序设计和作品设计类进阶课程。参加“课外学习”活动的学生，一般由任课老师作出挑选，择优录取，并根据学生的具体情况进行跨年级分班教学，学习时间通常在放学后或周日。参加这类课程班的学生多在学科竞赛中，获得上海或全国一等奖的殊荣。

世外中小学没有专设探究课，但我们把探究课的思想和方法融入基础课程和拓展课程中，注重让学生自己体验过程、学习方法，激励学生自主学习、主动探究及实践体验。

明确培养目标，构架课程框架，一路上我把信息组老师的忙碌看在眼里，记在心里，给他们信任，给他们自由发挥的空间，为他们鼓劲加油。渐渐地，经过 20 年的努力探索和辛勤耕耘，这群多才勤思的年轻人勾勒出了世外信息科技课程的特色，那就是“新”、“深”、“高”、“实”、“准”。

“新”，这是一门发展很快的学科，一门与时俱进的学科，它追随时代的节奏，始终走在时代最前列。因此，世外始终要引领学生关注信息技术的最新发展。

“深”，信息技术不是一种简单的使用工具，尤其关注学生信息素养和思维品质的提高。信息技术最本质的特征是追求超越，不断创新。因此，要让学生有更多课程可选择。

“高”，信息科技课程在学校教育中要体现一定高度，“源于标准，高于标准”，是世外追求的风格；在专家引领下，要把学校确定的高度落实下来。

“实”，体现在两个方面：信息科技组所确定的高度与深度，要在课堂内外实实在在地落实下来；本课程所投出的教学内容、学习手册、评估方案以及各种教育资源，要实实在在地落实下来。

“准”，同样包含两个方面：一是始终围绕学校发展目标和学生培养目标，准确地“把学生培养成怎样的人”，这个目标做下来；二是在信息科技课程的发展过程中，在每一个阶段都能准确地抓住需要突破的核心点和关键点。

这五大特色既是信息科技组全体教师认识上的思考与境界，又是他们在课程实施和实际操作中的路径与方向。

四个典型项目

下面，我想通过对于四个典型项目的描述，更加生动具体地带着大家来看一看世外信息科技在课程实施过程中是怎样不断突破、不断创造、不断形成特色的。

“我的故事”演示文稿创作项目

IT 不仅仅是技术，科技的冰冷不能掩盖这个世界的精彩。无论过去、现在，还是将来，IT 历史都是由人创造的。于是，在六年级第一学期的信息科技课程中，诞生了一个时长 18 课时的大项目——

2011年，顾佳敏授课中

"我的故事"演示文稿创作项目，并形成校本教材。在这个项目中，学生可以在"明星云集"的IT群英中选择一位，并从那一刻起，跨越"时光隧道"成为"他（她）"。接着搜集整理资料，规划作品结构，创作演示文稿，最后面向全班同学上台讲述"我"的故事。在此过程中，每一位学生都将更加详尽地了解到"我"的生平，了解到"我"的事业起伏，了解到"我"为成功而付出的艰辛……而通过全班的交流分享，学生们能够了解到更多的对IT发展作出重要贡献的人或事，进而以更加专业的眼光回顾历史，展望未来。

在此过程中，学生体验了"确定主题→调查计划→设计创作→交流评价→总结反思"的完整项目设计过程。这样，学生不仅养成了设计作品时，注重调查计划，关注整体框架的习惯，还通过思维导图软件规划作品内容结构，逐步提升系统思维；在项目实施过程中，将项目设计的流程和方法深深地印入脑海，使今后的项目设计能力有所提升。在此过程中，学生的创意设计能力也得到了激发和提升。在"调查计划"阶段，学生四人一组，分析一系列优秀的演示文稿范例，从中捕捉创意，并在全班交流中了解该创意的精妙之处和可能的技术实现方法。在"设计创作"阶段，学生依据世外原创的TOID，即Topic（主题）、Object（元素）、Importance（重点）、Design（设计）方法，从不同角度解构主题，再围绕主题，用"图文字”等信息元素有重点地呈现创意。在“交流评价”阶段，全班创意汇聚，思维碰撞，再一次体验创意的发现、捕捉、吸纳、融合的过程。在这样的深度浸润下，学生不会再说：“老师，我没有灵感。”因为创意也是可以学习的，也是可以培养的。“我的故事”演示文稿创作项目，既基于课标，落实了演示文稿制作、信息收集整理等学科目标；又高于课标，在项目活动中，扎实融入了创新思维、系统思维等方法和理念。

可以很自豪地说，在世外，六年级学生已懂得用技术思考人生、讲述人生。

“Scratch 创意设计”项目

创新能力和计算思维是 21 世纪人才应具备的基本素养。近年来，美国、英国、新加坡、韩国、新西兰等国都掀起了编程教育的热潮。在我国，编程教育也逐渐走进了中小学课堂。

世外中学早在十多年前就关注这一领域，也一直致力于编程特长学生的培养。从 2011 年起将 Scratch 编程纳入了基础课程。我们鼓励学生学习编程，其目的不是为了让所有学生都能成为程序员，而是希望通过初中阶段的启蒙教育，提升学生的计算思维和创新能力，为其今后的发展打下扎实的基础。“Scratch 创意设计”项目现在世外七年级第一学期开展，每周一课时，共约 15 课时。分为 5 个小单元。Scratch 是一款图形化的编程软件，可以通过拖拉脚本模块快速实现编程，大大降低了编程的技术门槛，非常符合初中学生的认知水平和思维发展规律。比如第三单元的“诗韵中华”，学生可自选一首自己喜爱的古诗词，然后利用 Scratch 创作作品。即使是学生之间选择同一首古诗（如课文《小儿垂钓》），不同的学生仍然可以有自己不同的创意表达方向，比如，有的学生可以在 Scratch 中绘制角色，原创性高；有的学生可利用网络图片进行编辑，画面优美；还有的学生可以自己朗诵配音，声画俱佳。在此过程中，学生的想象力得到提高，遇到问题时还可以有多种思路和解决方案。又比如在第四单元制作“迷宫”作品时，需要通过编写脚本来控制主人公“碰到宝物时加分，碰到恶魔时减分”的效果。在此过程中，学生的逻辑思维、抽象思维、计算思维等得到充分的锻炼。在 Scratch 中，学生还将利用外部传制板和传感器，创作互动性更强的作品。如模拟游戏手柄操控人物的移动，利用光线传感器设计一个手势控制的炮弹发射器等。总之，在整个学习过程中，学生在想象中迸发创意，在编程中实现创意，在分享中交流创意。“Scratch 创意设计”项目，不仅可以帮助学生提高计算思维，还能帮助学生成长为具有创造力的思考者。

思维导图的应用和学科拓展

思维导图是一种有效表达发散性思维的图形化思维工具，可应用于记忆、学习、思考等的思维“地图”。早在 2007 年，由时任副校长陈勇带头在信息科技课程中将“思维导图”作为独立的单元进行教学。当时是把它作为一种新型的学习方法，用于启发学生的发散思维，比如，利用思维导图软件绘制个人介绍，如基本信息、兴趣爱好、家庭情况、学校生活、个性特点等。

经过一年多的实践，信息组又把思维导图逐步融入项目教学中。如在六年级“我的故事”演示文稿创作项目的“调查计划”环节，学生在浏览大量范例和交流其优缺点前提下，利用思维导图归纳出作品创意角度；又如，学生在七年级“水报纸设计”项目，管理、美工、技术、文字编辑等不同特长的学生自由组合，四人一组合作设计一份四个版面的报纸。

值得一提的是，自2010年起，世外把“思维导图”专门单列课程，称为每周1课时的“校本”思维课，专门辅导学生如何绘制和应用思维导图。世外信息组也将这一项目推广给全校教师，在对校本信息化培训中，思维导图就是其中重要的师训板块。目前，世外各学科教师在教学中广泛运用思维导图，如：语文课用其构思写作提纲，数学课用其复习知识点，英语组用其记录阅读笔记，地理课用其显现旅游行程安排……随着思维导图在越来越多的学科中广泛运用，它对各学科教育教学产生了巨大的推动。

信息科技教师作为新理念和新技术的推广者，他们又有了新的研究方向——在世外发展新的办公平台、新的教学平台、录制微课等更多层出不穷的新技术。这些新技术，又与多个学科不断地融合。

纵观思维导图在世外的试行、实践、推广到广泛运用的这十年，作为一种变革性的思考工具，它已经对世外师生的日常生活、工作、思考方式产生了潜移默化的影响。在世外，不断接受新理念，不断学习新技术，已经成为一种习惯。

“设计周期”项目

“设计周期”是世外国际融合课程——中学项目设计学科所使用的一种模式与工具，又称“基于问题的解决”模型，也就是说，是用技术手段解决生活中的问题。它用来帮助学生创造和评价作品，解决方法，对挑战做出回应。“设计周期”在境内部和境外部信息科技课程中已经得到融合。

既然是“设计周期”，也就是说学生在学习设计课程时要经历四个阶段：第一阶段——探究与分析。通过研究与分析，启发设计灵感。这一阶段，要开展调查研究，尽可能多地搜集信息，对已有的产品（作品、材料、物件等）进行深入的分析，并最终确定自己需要设计怎样的产品。第二阶段——发展创意。学生可运用思维导图，选择合适的、富有创意的设计方案。这一阶段的重点是制定“设计说明书”，它也许是产品（作品、材料、物件等）能否成功设计的最重要的方面。第三阶段——实现解决方案。将设计创意变成各种不同程度的实体或电子产品；学生通过发展一个有创意的技术，使产品外观变得更加完美；第四阶段——评估。设计有效检验的方法，测试自己的产品（作品、材料、物件等）成功的程度，从而反思自己的学习过程。

世外的信息科技课上，尽量让学生运用各种不同的材料或工具软件创作不同类型的作品，如在产品设计课上，制作了木制相框、艺术风铃、环保时钟、木制笔筒、隔热垫、测谎仪、LED 电子台灯等。在计算机设计课上，进行了 Logo 设计、书签写作、封面设计、Scratch 游戏设计、动画设计、视频制作、元宵节彩灯制作、会飞的竹蜻蜓制作等。

一个中学生，在初中时已初步掌握了设计周期的方法，那么我有理由相信，他们长大了之后，还可以将这种方法运用到人文、自然科学、社会科学等很多领域。最重要的是，它为学生提供了一种终身受用的解决问题的方法。

获得专家和学生的广泛肯定

一年又一年，随着世外信息科技课程的成长与发展，引起了市教委的关注。2010 年 11 月 3 日，由市教委教研室和徐汇区教育局作为主办方，在世外中学召开了一个大型研讨会，与会人员的规模在 200 人左右，专门介绍和宣传世外的信息科技课程，研讨会全称

"提升学校课程领导力行动研究项目"。会上，徐俭校长代表世外中学作了提升学校课程领导力的发言，并对世外信息科技课程的建设与改革，作了高屋建瓴的阐述，受到与会人员和市教委领导的高度赞扬。世外信息组从学科课程的定位，怎样进行课程实施，怎样通过课程培养学生的学习品质和思维素养，怎样在课程建设中形成一支强大的团队等，作了全面而系统的叙述。世外信息组的汇报引起了到会人员的极大兴趣和好评。

市教委教研室副主任陆伯鸿也在研讨会上作了发言，他强调了两点："第一，就每个学校而言，课程改革的愿景是什么？就是为学生提供丰富的、可选择的、高质量的学习课程，非常可贵的是，世外中学为全市提供了一个把愿景变为现实的成功案例。世外中学给全市各所学校提供的第二个成功案例是，在学校课程建设过程中，怎样带出一支团队来。我看世外信息组老师有五个共同点：有积极的动机，有专业的知识，有娴熟的技能，有快速的行动，有良好的习惯。由此，世外信息组老师产生了两个效应：一个是鲇鱼效应，他们的工作把整个学校搞活了；第二个是蝴蝶效应，他们的改革与发展，引起了大家的注意，并传到全市的每一所学校，传到每一所学校的各个角落。"

时任市教委副主任尹后庆说："在课程实施过程中，粗看是如何贯彻国家课程，而实质上是每个学校如何按照国家课程的要求，在学校里按照自己的办学目标、按照整个学校的课程进行校本化实施。这两者之间有一个空间，这个空间就是校长带领下的专业团队，针对自己学校的学生情况，充分理解时代对教育目标的要求，在充分了解本校学生的实际情况下，所设计的一个课程。国家课程一定要通过校本化方式来得到落实。在这一点上，世外中学做得很好。在全市推进校长课程领导力建设中，倘若达到世外中学那样水平的学校有 50 到 60 所，那么上海的课程改革将会达到很高的水平。”

专家学者的肯定是对信息组 20 年发展的莫大肯定，而来自学生的声音同样印证了这些年的这些努力化作了我们心头的两个字——值得。

作为学习的主体，学生对信息科技课程的教学有什么想法？对课程所开设的许多项目是否有兴趣？为了了解学生最真实的想法，我专门邀请了近 10 位同学召开了一个座谈会，他们一致的看法是：这门课程使我们的思维很开阔，对我们生活中处理各种事情很有帮助。楼哲雯和刘颖都是世外中学九（3）班的学生。在 2015 年 11 月举办的第二届 App Inventor 应用开发全国中学生挑战赛总决赛中，①她俩一举夺得初中组特等奖。楼哲雯在座谈会上讲：“尽管我面临初中毕业，但我非常喜欢‘谷歌夏令营’。我和刘颖发明了手机软件 Eyes Care 视力表。用这个富有创意的软件，我们在总决赛中，得到全体评委一致的认可。我最大的收获是认识了来自全国各地与我一起参加编辑的同龄人，认识这么多高人，我感到幸福。”刘颖在座谈会上发言说：“我参加了世外信息组组织的竞赛班，在‘谷歌夏令营’项目中，让我有机会展示自己的创意，锻炼自己的能力，是一次珍贵而又有意义的体验。”2014 级双语（3）班小唐同学说：“我最满意的作品是《Scratch 创意设计》第三单元‘诗韵中华’，我把古诗加上惟妙惟肖的图片、背景和合适的音乐，使古诗更加生动。在一次次的作品创意中，我觉得我在创意构思方面更加缜密，能考虑更多内容。我希望 Scratch 的课程能再多点课时！”

---

① 这项大赛由美国著名企业谷歌举办，有来自全国各地多所学校参加，参赛小品有 1195 个。最后，选出初中组和高中组各 10 支学生团队进入总决赛，世外有三支团队进入。世外中学一个学校，获奖份额约占总数的四分之一左右。

在今天，信息科技的运用越来越普遍，虽然信息科技并非我熟知的领域，但是我一直也在思考这样一个问题：什么叫创新？教育中的创新应该在教学的过程中针对学生的思维或者行为上的不足进行教育教学。教师们要能够清醒地发现，学生普遍存在什么问题，在思维上是否缺乏创造，是否存在忽略整体而仅仅关注细节，是否存在表现单一，缺乏亮点，单一角度，惯性思维。世外信息组用课程所创设的文化，让我们的学生浸润在文化中间，受到感染，受到熏陶，受到启发，得到发展。在这一点上，世外信息组收获了不俗的成绩。

同样，信息组的课程改革，不仅培育了学生，更重要的是锻炼了教师的团队。每次召开校行政会，十几位校级、中层干部中，信息组的教师占了很多。善于学习、善于思考，积极主动创新项目，拥有不断奋进的工作态度，造就了这批可爱的年轻人。

四、人文素养　多元探索

近年来学校一直在进行“校本课程框架”的进一步深化与完善。我们走的一条路是：“开发—实施—观察—反思—再开发”。这么做的基本想法是让课程更加适应学生的需求，让课程更加促进教师的发展，让课程更加彰显学校的特色，达到培养走向世界的现代中国人的目标。除了英语、计算机这两门特色课程外，根据世外中学的培养目标、办学理念和我校生源、师资的特点，世外根据上海二期课改的三类课程（基础型课程、拓展型课程和探究型课程）自行设计、“量身定做”在课程的多元化上作出了尝试与突破。所谓多元化，是指事物的发展，到了一个很丰富的境界，有了多种分类，设置多元课程的初衷就是要“面向全体学生，促进健康发展，探索多种途径，关注个性发展”。基于此，世外在以下方面作了有效探索。

拓展探究　注重课程建设的多样

世外在拓展型课程和探究型课程上下功夫。每一位学生都可以在四大类课程（知识类、技能类、艺术类、语言类）中选择自己喜爱的一门，这就等于要求每一位教师，除了自己所教的一门课程外，每个人都要开设一门拓展型课程。到了2000年左右，世外的教师已经开出了100多门各种类的拓展型课程。

拓展课的总体规划设置积极整合了学校优质资源，把学生的需求与教师的能力相结合，为同学们提供了更多跨班级、跨年级、跨学科的主动学习平台。它以活力课堂为依托，以思考、实践为方式，以开拓视野、全面发展为目的，使大家在课堂内外激发更多的个人潜能，培养更为乐观的心态、坚强的意志，树立相互配合、相互支持的精神。值得一提的是，拓展课与传统的知识传授、技能培训相比，少了填鸭式的说教，多了思维迸发的火花，少了简单的知识灌输，多了体验后的反思感悟。

随着时代的发展，拓展课程已成为越来越多人学习生活经验、体验社会教育、形成正确价值观的重要途径之一，我们认为，这也是建校20年来，改革与发展世外教育教学不可缺少的一项。此外，拓展课程是对学校传统教育的全面提升与综合补充，因为它最显著的特点是自主和平等，这与我们世外崇尚的“公正、开放、包容”等价值观不谋而合，期待同学们在自我参与、自我实践中感受成长与进步。

自2015年起，基于对学校师资、现有资源的评估分析，学校在人文教育领域、数理逻辑领域、语言素养领域、自然社科领域、艺术体育领域、综合实践领域开设五十余门拓展课程。每一领域都有若干选修课程，横跨三个年级，而且每一门课由本校老师或特邀的校外专业老师精心准备教学活动。拓展课统一在周五下午，利用学校各个场地开展教学。

学科整合　注重人文情怀的培养

随着对培养目标的深入解读，世外对一些传统学科进行了整合。

我们建立了综合文科教研室（简称综文教研室），即把政治、历史、地理和心理组整合在一起。综合文科组以人为核心，研究的是人与自身（心理健康教育）、人与社会（政治）、人与自然（地理）、人与历史（历史）的关系。我们建立了综合理科教研室（简称综理教研室），即把物理、化学和科学整合起来，重点是提高学生的科学素养，让学生从生活走向科学，从科学走向生活。我们建立了艺体教研组，把体育、音乐、美术、劳技等四大学科整合起来，这同样是世外在探索多元课程过程中所跨出的重要一步。不难发现，学科整合的重点在于对基础课程进行改造，这种做法更大限度地将学科优势发挥与整合，提升了课程品质，做到了优势互补，共同进步。

2016 年，卢文来授课中

重视母语增强底蕴

2006 年，褚佳逸授课中

怎样准确、优雅地使用本国语言，对于任何一个国家、任何一个时代的中学生来说，都很重要。语文影响人的一辈子，这句话一点也不夸张。世外虽是一所以外语为特色的学校，但这不等于世外的

2009 年，刘晓授课中

语文学科没有自己的特色与亮点。恰恰相反，语文学科同样结合学校的课程发展需求，不断发展，结出语阅课这一硕果。

语阅课脱胎于语文，所以想要更好地了解语阅课程的特点，就必须先看一看语文组在这 20 年中走过了一条怎样的路。

世外语文的总体培养目标是：一是教学理念以人为本。始终把学生放在第一位，以学生作为教育教学的出发点和归属点，顺应学生的禀赋，提升学生的潜能，全面促进学生的发展。二是促进人文素养的养成。人文素养的灵魂，不是能力，而是人文精神。什么是

2014 年，俞斌在钱馆授课

人文精神？人文精神的核心内容是对人类生存意义和价值的关怀，是为人处世的基本德性、价值观和人生哲学。三是培养学生的思辨能力。目前的中学生在思辨能力上，普遍表现为想象模仿能力较强而分析概括能力较弱，描写叙事能力较强而说理议论能力较弱。因此，人文学科要求形象思维、辩证思维和逻辑思维的高度统一。四是塑造健全的人格。人文学科的目的是为了让学生能够充分适应群体的发展，做到个体人格与社会人格的统一；人文学科能给人以价值理性，而价值理性正是塑造健全人格的基础与前提。

怎么落实语文的培养目标呢？语文组认为，真的要让学生学好语文，有三个方面是必须注意的。

其一，要拓展学生的阅读领域，要让学生有积累，初中生也要强化“通识教育”。语文组认为，母语学习不仅仅是学习书本上的语文知识，还要在学习过程中认识母语所蕴含的丰富文化内核和审美价值，提升文化品位。为此他们做了三项小的改革：一是理解梳理。自2010年起，语文组着手修订校本语文课程框架，把各年级的教学目标、课前预习、课后练习、作文训练等，形成一个个单元模块。语文组老师认为：学生的阅读领域必须拓宽，要以研究、包容、理解的心态去看待世界上各种不同的思想观念、文化习惯、社会风俗，要把世界上一切好的东西为我所用。必须引导学生自由选择多元化的阅读材料，促其形成“通识意识”，为其将来的自主发展打好基础。二是重组运用。自2011年起，语文组的各年级备课组进一步调整了教学单元的次序，对文言文、现代文、作文等需要落实的知识点做进一步的序列化探索与研究。此外，打破了课本单元设计，依据知识点，由浅入深安排课文的学习顺序。做了这两个方面的整合，就使所有的知识点“活”了起来，“跳”了起来，学生学起来更有“兴趣”，更有“味道”。三是传承优化。世外一边对课程框架的学科内容进行整合，一边对课程框架中尚不完备的部分进行修订（粗略估计，70% 较为成熟的部分保留，30% 尚不完备的部分修订），其目的是使世外的语文课程框架能更适合学生的学习规律。

语文组的老师一致认为，语文课的教与学，需要时间与耐心。他们非常欣赏美国埃默里大学教授马克·鲍尔莱茵说的一句话："信息的加速度一定会带来内容的肤浅化。"奔跑式的教学是不符合学生成长的学习规律，贪多求快，"揠苗助长"压缩饼干式的教学，更是非常危险。世外的语文老师说，慢，就是依照学生认知水平和兴趣所在，循序渐进地进行教学。

其二，语文组有一些坚持是渗透于日常教学中的每一天的。语文组的老师们很重视课堂内外的口头训练，把它叫做"口练"，课堂内的"口练"时间为三分钟，放在每节语文课的开头进行。老师要求学生演讲时要落落大方，语言表达流畅，演讲主题清晰，读音准确，具有一定表现力，也可以自制 PPT 辅助演讲。世外各年段的"口练"与语文课的内容有所衔接。如六年级的演讲内容是"小故事大智慧"，要求学生在课上讲述篇幅短小的语言故事或成语故事。而七年级的演讲内容称为"每日一文"，要求学生站在讲台前，讲一讲与课本内容相关的名家名篇。八年级的演讲内容为"每日一书"，请同学推荐好书，并附上推荐书的相关信息、主要内容与推荐理由。三个年级的学生在课堂内的三分钟"口练"，产生的成效是显著的，口练激发了学生对语文学习的兴趣，初步锻炼了学生的口头表达、书面写作等多种能力，帮助学生逐渐养成了阅读分享的好习惯。八年级的学生"口练"的难度较大，他们尝试将自己的思考、想法、观点通过语言表达出来，也提高了人与人之间的交际能力与沟通水平。

其三，语文组还结合单元教学和各年级的活动特色，激发了学生主动获取知识和能力的兴趣。如六年级结合写作训练和单元特点，引导学生观察校园，从一点一滴的校园生活中积累素材，升华情感。每年 3 月中旬，组织学生来到上海植物园，寻找春天。六年级学生通过观察春天、感受春天，与大自然亲密接触，调动了多种感官，带来了精神的愉悦。七年级结合单元教学和“达人秀”活动，引导学生对本土的风俗世情有更多的了解和认同。在形式上，各班利用三分钟“口练”的时间，以个人或小组为单位，用自己喜爱的形式进行各地方言的表演，然后再从各班最优秀的“方言秀”中排出两个节目，最后进行年级的评选。七年级的做法锻炼了学生的口头表达能力、资料收集能力，给了更多学生展现自我风采的机会。又如八年级结合视听训练和“十四岁生日”的立志主题，帮助学生树立对社会人生的思考。在形式上，教师编制视听作业，组织学生观看影片《钱学森》，班级内组织视听作业交流与考察前的培训；然后再组织学生考察“钱学森博物馆”，考察后，各班总结，交流，评选考察优秀学员，在年级进行交流。到了寒假，学校在寒假作业中推荐参观的博物馆名录。八年级学生通过“走进钱馆”和走进各类博物馆的各类活动，了解和借鉴了参观考察的经验。并使学生在实践的过程中，了解和懂得了自行组织、明确分工、小结汇报的参观考察流程。

回顾语阅课的诞生，必须要提孙亮老师。

大约在 2000 年夏，孙亮到世外来面试。我看到他的履历上写着北大毕业，心中有几分好感。一面试，发觉他极有思想，当场拍板要了。我问他：你报了哪些学校？为什么看中名不见经传的世外中学？他说：“我投了上海中学、华师大二附中、大同中学、控江中学等 20 多所名校，我看中世外的，是这里没有论资排辈，这里没有官腔与空话，有的是足够的开放与坦率。当然还有一条，你也是北大的，我们俩有缘。你的身上有一种魅力和气场。”招收孙亮后，我请他执教高中的语文课（当时世外有一届高中）。过了一些日子，有信息传来，孙亮上不好高中语文课。我马上了解孙亮的情况。原来他不是上不好高中语文课，是他希望能给予他更多的自由度和宽容度。怎样用孙亮？就是摆在我面前的一道两难题。我和我的团队讨论了这件事，最后的结论是：用其所长，因人设事。我们专门为他开设了一门语文阅读课（简称语阅课），就是把他肚子里的学问倒给学生，吸引学生。有了结论之后，我马上找孙亮谈了这件事，想不到，一拍即合。这以后，我经常去听孙亮的课。我发现，他在课堂上重视学生的“经典阅读”和“快乐阅读”，在他的课上，学生的阅读热情被充分地调动起来。他在课上的另一高招是在教学中培养学生“发现的眼光”。他带领学生们发掘字里行间蕴涵的汉语之美、文章之美、人性之美。这种“发现”的能力，并非自然而然地形成，而是需要不断地敲打和训练。在这方面，孙亮的“精彩演出”与“因势利导”，真的很受学生欢迎。孙亮的课，产生了两个奇特的效应：中午去图书馆看书的学生多了；学校的学生借书的多了。十多年后的今天，孙亮说，进世外，是他人生中最正确的选择之一。他说：“世外的自由、宽容、和善，充满激情，讲求实效，都太符合我的期望。”而对于我而言，用好“怪才”“奇才”，使他们能在世外快乐地生活并有成就感，让我感到十分欣慰。

2006 年，孙亮授课中

缘起于孙亮，世外的语阅课终于成为了世外多元课程建设中不容忽视的一分子，后来，刘晓和杨亦文老师也都加入到了语阅课的教师团队中来。

语阅课在发展过程中构建了两个学年的课程内容，共八个主题单元，包括中外文化风俗、中外文学艺术、中外科技撷英、中外大师风采、中外节日风俗、中外诗歌艺术、世界科技发明、中外哲学名家。它大大拓展了学生的知识面，成为学生最喜爱的一门课程。

世外语阅课课程安排

模块安排	六年级上	六年级下	七年级上	七年级下
中外文化风俗	神话与传说	文字演变史	中外节日风俗比较	中国本土宗教与世界三大宗教
中外文学艺术	中外小说艺术	中外戏剧艺术	中外诗歌艺术	中外散文艺术
中外科技撷英	人类古代科技	世界航海与地理	世界科技发明	人类对未来科技展望
中外大师风采	中外书画名家	中外音乐大师	中外哲学名家	学贯中西的大师群

语阅课的成功在世外多元课程发展中具有里程碑式的意义，它在增强世外学生人文底蕴上功不可没。

品读历史慎思明辨

人们常说文史哲不分家，重视语文教学的我同样也一直非常重视历史学科，因为在我看来，历史学科对于培养学生的人文素养、思辨能力、大局观以及正确的价值判断，很有帮助。

历史这门学科，讲究的是“史由证来”，“论从史出”。世外的历史学科组，从三个角度思考怎样培养学生：通过历史课的学习，使学生能提高自身的人文素养；通过历史课的学习，让学生学会从历史的角度，观察与思考社会和人生，从中汲取智慧，逐步树立正确的价值观；按照世外“中外融合”的办学经验，充分发挥历史学科在为“培养走向世界的现代中国人”中应有的作用。

结合学科培养目标，历史学科通过教学中点线面结合，统揽全面，夯实基础。“点”就是具体的、生动的历史事实；“线”就是历史发展的基本线索；“面”就是在点线结合后形成的历史课程体系，也就是说，力求使历史学科本身的逻辑顺序与学生学习的心理顺序达到和谐统一。以《美国独立战争》一课为例，这一课的知识点是比较多的，历史组以“民族的形式——民族的抗争——民族的创新”为线，串联起诸多的知识点。同时，以奥巴马总统“9·11事件”十周年的演讲和《五月花号公约》两则历史与现实相呼应的材料，概括出美利坚民族的民族精神。以此为题，形成对本节课的统领。可以说，历史教研组从学生的认知水平出发，精选最基本的史实，旨在教会学生掌握最基本的史学方法比如怎样进行调查研究，怎样收集、整理和分析资料，从而形成正确的历史意识；历史教研组更是从学生素质培养和终身发展思考，精选那些具有重要性、代表性和典型性的，能反映人类社会发展的基本进展、基本脉络和基本规律的历史知识再现给学生。

跨学科交叉渗透，体现历史学科在教学上的综合性。历史学科研究的是人类社会发展的整个过程，在讲述历史知识时，要注意历史知识之间具有综合性，要引导学生对历史知识多角度、多层面的认知和探索意识；历史知识还具有跨学科性，在教学时，教师要适当考虑相关学科之间相互交叉与渗透问题，使历史内容更加丰富多彩，让学生具备更完整的历史观。比如，我们在讲述中国古代早期文明时，会提出继农业革命（原始农耕）后，出现农业基础上的手工业革命，制陶业是其内容之一。由此，我们让学生进行“DIY陶艺制作”的活动，引申出中国和世界其他地区的陶器历史，感受悠久璀璨的陶器文化。另外，学生在美术课中也会进行陶器模型制作，艺术和创意在这里与历史无声地融合。学生一个个别具匠心的陶艺作品，一张张美感迸发的作品简介，让他们了解了人类历史的异彩纷呈以及历史与其他学科的精彩互动。

“化‘宏伟’为‘具象’，化‘非凡’为‘有常’”，关注学科人文性。历史本身是一门人文学科，怎样通过历史教学培养真实、具体、鲜活的中学生，世外的历史教师懂得自己身上的使命：不能只做单纯的历史知识的传授者，而是应该给学生更多的自由空间；不能拿自己的思想左右学生，而是让学生通过历史知识的学习，懂得历史知识背后的人文关怀和为人处世之道；学习历史，重要的是通过认识过去来认识现今社会，认识当今人生。怎样实现以上要义呢？世外的做法是“化‘宏伟’为‘具象’，化‘非凡’为‘有常’”。比如讲到鸦片战争，教师把自己收集到的英文和中文资料，都交给学生阅览与分析，让学生看到，清廷和英国议会在讨论这个问题时，都曾发生激烈的争论和严重的分歧。在分析鸦片战争失败的原因时，学生们谈到了有武器装备的原因；有战场上指挥的原因；还有军队组织形式的原因等等。在这些对话与讨论中，学生分析到，这场战争肯定是由历史必然的原因产生，而其中又受到偶然性因素的影响。这样的分析对学生形成批判性思维大有裨益。

世外中学境外部王建平授课中

贯彻“唯物史观”，注重思想性。历史的经验教训是人类社会的宝贵财富，历史课程为社会服务绝不是一句空话。怎样通过历史更好地认识现实，培养学生的历史思辨能力，认识自我，树立正确的人生观、价值观和世界观，比如：从六年级开始，历史组就鼓励学生对历史上的某一个问题发表自己的看法；从七年级开始，要求学生用英文来写作论文；到八年级、九年级时，要求学生事先准备好相关材料，在课堂上当堂用英文写作论文。历史组坚持用唯物史观阐释历史的发展与变化，使学生产生对中华民族优秀文化传统的认同感；同时，拓展他们的国际视野，逐步树立正确的世界观和人生观，既注意历史的延续性和继承性，又体现时代精神；既要反映历史知识的科学性，又要很好地为现实社会服务。举个例子，在学习“第一次世界大战”和“第二次世界大战”的内容时，学生展开了以“战争启示录”为主题的学科活动，或制作电子海报和视频，或编写主题诗歌等，由此感悟到：战争是一把双刃剑，因为我们珍爱和平，所以我们绝不会忘记过去的战争。

除了课堂教学外，历史组还结合世外的实际学情做了三个方面的小改革：一是在 2001 年的时候，鼓励历史学科的王建平老师和语文学科的孙亮老师合作上了一堂林觉民的《与妻书》。同一篇课文，让学生看到可以不同的角度思考，可展示不同的教学风格，给了学生一种极新鲜的别开生面的课，学生大呼“过瘾”。两位年轻教师，开创了跨学科整合的先河。二是鼓励历史组的老师们就历史上一些大的事件和历史人物开设人文讲座，受到学生的欢迎。三是鼓励历史老师带着学生，走出校门，到博物馆、展览馆和科技馆去，在社会大课堂中吸引鲜活的知识。

走进艺术提升修养

在课堂上挥斥方遒，在课堂中徜徉历史的长河，了解中国，了解世界，唤起内心对于美好的无限追求。说到美，就不能不说到艺术。我梦寐以求希望学习成为一件好玩的、有意思的事。老师通过课程整合，给学生提供有营养的、好吃的、色香味美的“大餐”，学生的学习能力（观察、研究、绘画、表达）在不经意间有了一个大的提升。因为学习说到底是一种经历。艺体学科作为学校教育中学生学习时间最长、最喜爱的一门课程，对学生的身心发展有着丰富的“营养”价值。

按照世外的培养目标，我们给艺术课程的定位是：根据世外中学学生“爱心、优雅、大气”的气质要求，着重培养学生的审美能力，拓展艺术视野，塑造艺术气质，提升艺术素养。

大约经过两年的实践与努力，世外的音乐校本课程粗具规模，并初步形成个性化的特点。

世外音乐校本课程

类别	门　类	六年级	七年级	八年级	九年级
鉴赏	中国民族	民族歌曲	民族乐曲	中国戏曲	中国音乐史
	外国古典	欧洲古典音乐	亚洲、非洲音乐	美洲、拉美音乐	外国音乐史
文艺与技能	声乐演唱	发声与演唱	唱法与流派	歌剧与音乐剧	歌曲创作方法
	器乐演奏	课堂乐器演奏	中国民族乐队	外国交响乐队	乐队组织方法
	舞蹈形体	舞蹈形体训练	中国名族舞蹈	外国民间舞蹈	舞蹈编排组织
	戏剧影视	语音与朗诵	相声与小品	舞台戏剧艺术	电视电影艺术

根据上表可以看出，六、七年级上的是表演艺术课，主要是培养学生的音乐学习兴趣，拓展学生的艺术视野，重视音乐基础知识的掌握，学习方法以感受、尝试为主。八年级偏重于文化、艺术、人文的鉴赏，着重艺术的多样性，教学上开展多专业的“同课异构”的牵手式教学，学习方法以体验、表达为主。八年级的定位是：“世

2010 年，世外学生在艺术节上表演中西结合的舞蹈节目

外中学表演艺术通识系列课程”。九年级的艺术课程定位是“世外中学表演艺术实践系列课程”，偏重于学生技能提高的项目研究，或者说是偏重于审美创造，其目的是重视学生艺术实践能力，让学生在实践、表演中理解艺术，在学习方法上以实践、研究、创作为主。

世外音乐组的老师在实施校本课程时，有两个基本想法。一是艺术没有国别之分，只有好坏之分。二是艺术的生存方式注重对生命的体验和灵魂的愉悦。音乐组围绕学科特点、学校特色、文化特性、学生特长，在课程上为学生开设了中国音乐、外国音乐、声乐艺术、戏剧艺术四大专业。结合世外学生的实际情况，设置了“3+1”（普及 + 提高）的培养模式。

音乐的这四门主要课程在设置的时候都兼顾了人文内容和表演技能这两大块。设置中国音乐的课程是为了让学生理解中国文化，弘扬民族精神。在人文内容上，学生需要学习中国古代音乐、民族歌曲、民族器乐、汉族民歌、少数民族音乐、近代创作音乐等文化内容。在表演技能上，学生需要学习演奏民族鼓和陶笛两种乐器；设置外国音乐的课程是考虑到世外的培养目标是“走向世界的现代中国人”，学生应当具有国际视野，能够了解和接纳外国音乐文化。在人文内容上，学生学习到的西方古典音乐，包含巴洛克、古典、浪漫、印象、民族、现代等时期音乐，还有其他国家的民间歌舞音乐。在表演技能上，学生将在课程中学习演奏课堂乐器口琴与口风琴。设置声乐艺术的课程是考虑到声乐是一种抒发人内心情感的艺术形式。为了让学生在歌唱中获得快乐，感受幸福，通过唱歌这种形式来沟通和交流。在人文内容上，通过声乐艺术课程，学生要学习的内容有发声方法、歌唱的情感、声音的色彩、演唱的风格、声乐与其他艺术这几项。在表演技能上，学习声乐独唱、声乐重唱、声乐合唱是学生主要需要掌握的技能；相对于前面三门课程，戏剧艺术课程涵盖的面更广泛，也属于有世外风格的课程。对于现今的社会来说，非常重视人的表达能力，所以新时代的学生，具备一定的表达能力就成为了一种必需。为了使世外学生会表达，表达得更好，能够和他人交流时大方、得体，世外特别开设了戏剧表演专业。人文内容上要求学习台词、诗词、小说、戏剧等。在表演技能上，学生要学习朗诵、绕口令、小品、课本剧等内容。

艺术需要欣赏，艺术更需要实践，让学生在实践中感受艺术的无穷魅力，是艺术课程的另一个特色，为此，学校和艺术组一起策划了各种类型的文艺活动，如每周五中午的钢琴角演出，每一次都有相应的主题，每一次都有不同年级的学生参加。如搭建艺术舞台的艺术节。大约在2001年，学校举办第一届世外中学艺术节。它给了学生一个展示艺术才华的

2015年，艺术节上的舞蹈表演

平台。经过十多年的发展，艺术节从原先的综合性展演，发展到现在的有主题、有专场、有系列的新型校园艺术活动。另外，在各类年级大型活动如新年音乐会、达人秀、十四岁生日和毕业典礼中，都有艺术课程的渗透，也都集中展示出了世外在艺术教育上的颇高成就。

我想，艺术要真正面向全体学生，创造整理氛围，完善学科教学，给学生展示才能的舞台，更给学生培养自信的机会。学生在学艺术的过程中走进艺术的殿堂，在艺术殿堂的畅游中更加深刻地读懂艺术，感受艺术对于人生的重要性。

通过学科整合，音体美成为了一个教研组，体育组在学生构建美的过程中也扮演着自己至关重要的角色。

身体是革命的本钱，对于人的一辈子来说，健康很重要。作为一名教育工作者，我们要有意识地培养学生的健康意识，这是非常重要的。唯有从小就养成重视体育、重视锻炼的习惯，他（她）的一辈子才会对做任何事情充满自信，有足够的阳光心理，有足够的健康心态。基于以上思想，我一直重视体育与健康。世外刚办校时，学校副校长胡占才是从育才中学调过来的，他把育才中学段力佩校长的“男拳女舞”迁移到学校，我也很赞同。所以从1998—2000年，世外五节体育课中，其中有一节是男同学练武术，女同学练健美操。到了2000年左右，专职于篮球教学领域的陆喆老师来到世外，加上1998年就开展女子健康操的陈伟蓉老师，学校就把“男拳女舞”改为男生以打篮球为主，女生以练健美操为主。学校还倡议世外学生对某一项体育运动产生兴趣，今后的生活中以这项运动作为终身兴趣。除篮球、健美操之外，学校还开展了乒乓、羽毛球、排球、足球、象棋（国际象棋）、围棋等体育运动。市教委2015年提出“小学体育兴趣化，初中体育多样化，高中体育专项化”，看来，世外中学对体育的认识还是比较深刻的。

世外中学在 2013 年开展体育校本课程的建设。当时提出课程设置是“2+1+2”模式。

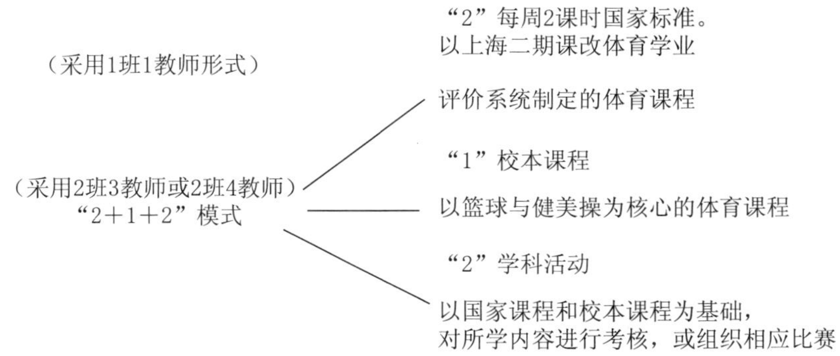

世外体育课程框架

从上图可看出，它忠实于学校的办学理念，做到了课程设置多样化、项目选择多样化、学科活动兴趣化。

到过世外校园的同仁们应该都看到过位于世外的标志——白帆后的那一片篮球场地，这片不大的场地在任何时间都非常抢手，体育课上，中午休息时，甚至是每天放学后，抑或是平时的周末，你都会看到无数篮球爱好者在球场上挥洒汗水，叱咤风云。在世外，假如你要问比赛最多的是哪一个项目，几乎所有的教师和学生都会不约而同地告诉你是篮球。从横向看，有年级组比赛；从纵向看，有校内的各种比赛，还包括教师与学生的比赛。在世外，男同学差不多人人会打篮球，而且球技上乘的不在少数。由于这样良好的“群众基础”，学校成立的校篮球队在区级比赛中屡获佳绩。为了满足学生们的需求，学校还成立了校园篮球社，这个社团每年组织慈善义赛，将参赛队伍的报名费作为善款，爱心义赛让学生在实践中自觉地践行了“爱心、优雅、大气”的校训，为营造一种爱无处不在的校园氛围作出了自己的贡献。对于世外体育组的老师来说，大家都秉承着一个理念，那就是

2016 年，世外健美操队参加比赛

“篮球精神的传承”必须要与学校人才培养的理念相吻合，因为只有这样，才能使篮球教学发挥更多的价值与作用。

虽说篮球场上也有越来越多女同学的身影出现，可总体来说篮球场依然是男同学的天下，相比之下，女同学在健美操方面就更加擅长了。世外的女子健美操普及率相当高，几乎每个女同学都会做。1998 年刚开始举办健美操比赛时，世外的健美操在区里比赛总是拿前三名，后来区里各所学校都重视了，都开展女子健美操运动，于是我们引进了专业教师潘文婷。我们在训练时更加刻苦努力了，这样，从学生的参与度和运动水平来看，世外在区里依然达到了前三名。一届一届的学生毕业了，一届一届的学生留下了对女子健美操的赞美，在学生心目中，是跳健美操让她们看到了从自身迸发出的青春活力，看到了自己释放出的自信和美丽。从欣赏和协作中提高了发现美、表现美和创造美的能力，更让她们对学习充满热情，拥有高度的责任心、自信心、成就感和追求美好未来的健康心境，这就是我们开设体育课程的初衷。在世外的健美操课堂上，经过一段时间的学习之后，学生可以进行健美操的自主创编，这样的一种教学方法促进了学生思维能力的发展，提高了艺术修养和审美能力，更培养了学生们活泼热情、乐观开朗、积极向上和自信的性格。这一教学形式也充分激发了学生的想象力和创造力，让她们有矩可循的同时又能充分发挥自主精神，无拘无束。

我有一个观点：如果校长的兴趣很多，涉猎很广，就会带动整个学校的老师一起培养广泛的兴趣。而教师有广泛的兴趣一定就会带动学生的兴趣。我一直认为，兴趣比知识更重要。我们可以发现这样一个事实：学生喜欢某门学科，往往是从喜欢某位老师开始；而学生一旦喜欢上了这位教师，教师身上的一切兴趣都会转移到学生身上。因此，校长有了广泛的兴趣，会在一所学校形成一个循环往复的因果关系和传递链，在我这最快乐的 20 年里，我一直谨记这一点并且躬亲践行。

一生从教，回眸在世外走过的这一路，我是多么希望通过多元课程建设，给学生更多的知识上的养分，让他们能全面成长，能在长大成人之后更好地为祖国的强大服务，为实现中国梦服务。教育，已然不仅仅是我赖以生存的一份工作，更是一项我愿为之锲而不舍、奋斗终身的事业。

愿我们共同热爱的母校——世外，爱如少年，青春不老。

Chapter 04

第四章

国际融合课程　开启本土化之路

投入一段新的生活，会很快感受到其中的美妙。身处桃源，亦是如此。

作为世外人，会认真地为所有的美好而快乐，也会因暂时的不美好而失落。人谓“成熟”，或许是宠辱不惊、得失不计，而那份不成熟造成的冲动与简单，却显示了更深刻地参与和热情。

20 年来，生命中最快乐的事情，便是来到了世外，亲历了学校的发展和建设。累日路过的，经年思念的，在回忆里定格又虚焦的，是我们共同的桃源。

多年之后，终于明白，世外的美好氛围给予我终生的追求与信仰——

拥有一颗纯洁的心，充满对世界和世人的爱。

拥有一颗尊重的心，包容别人和自然的选择。

拥有一颗幸福的心，珍惜每一分每一秒时光。

这份责任和使命意识，带给我生命的意义，让人感到无比幸福。

朝来暮往，沧海桑田，我们还有桃源花海，携手奔向前路漫漫。

一、迈出国际化教育第一步

城市是人类赖以生存的居所，而城市精神是一个城市独具特质的精神品格。作为生于斯、长于斯的“老上海”，我自小见证了中西文化融合带给上海这座城市的深刻影响。海纳百川、追求卓越、开明睿智、大气谦和，是上海这座国际大都市独特的精神品格。

随着城市的快速发展，上海教育界提出了“一流城市办一流教育”的口号。我也由衷希望世外教育能领风气之先，在“轻负担，高质量”上下功夫。我和我的团队开始思考：世外的发展，不能仅仅满足于外国语之长，我们要观察世界，更要走向世界、融入世界。基于此，我也下定决心：世外要像培育新品种的果农，将本土教育与西方教育两种优质的“果子”嫁接在一起，培育出鲜嫩甜美的果实——探索本土国际化教育之路，把东西方教育的长处吸收、消化、融合在一起，兼容并蓄，探索更符合本土学情的育人方法与途径，对自身作有益补充，真正体现世外“面向全国、走向世界”的目标。

聘用外教，踏出国际化的脚步

德语学习、从教的多年经验，加之在上外附中担任校长的经历，使我形成了这样的认识：语言是文化的载体，要让学生长期浸润于地道的英语学习氛围，见识并体验纯正的英语，建立起对语言背后文化的初步认识，才能切实提高学生英语水平，彰显世外英语教学优势。

因此，引进母语为英语的外教是我们的第一步工作。

聘请外教这一如今看来轻而易举之事，在本世纪初还是颇费思量的。通过各种教育渠道，我与英国领事馆文化教育处取得了联系，并积极推荐世外成为当年为数不多的、参与英国领事馆英语助教项目的学校。2000 年，桃源之地迎来了第一位外教：来自英国的大学毕业生理查德（Richard），世外因此成为徐汇区第一所聘请外教的本土中学。

理查德的到来给世外的英语教学提供了很好的助力。在世外教学期间，他不仅担任学生的英语口语课教师，还兼任英语老师们的语言培训师，每周定时、定点对老师们进行语言培训，课程涵盖听说读写方方面面的内容，充实丰富，生动有趣，很受老师们的欢迎。

理查德在世外从教了整整两年，也感受到了这座城市的开明与热情，在教学相长中，他与世外的老师们建立了深厚的友情。之后，已达成长期合作的英国领事馆每年都会派英语助教来到世外，切磋学习，共同受益。

正是一位位热爱教育、喜爱中华文化的外教加入，使世外学子广为受益，令英语团队迅速发展，在此期间，还有不少优秀的双语教师得到了锻炼与成长。可以说，这一步打开了中外教育“双赢”的良好开局。

开展交流，指引国际化的方向

聘用外教之后，学校收到了纷至沓来的良好反馈，我和我的团

2016 年，世外教师与 HARKER 共演太极

队达成共识：在这片富有活力与朝气的桃源，老师、同学、家长都盼望着学校能进一步打开国际交流的大门，使各方新鲜、活泼的教育之风吹遍世外。得到各方肯定、备受鼓舞的我继续寻找机会，不断尝试新的拓展。

2000 年，我在一次校长培训活动中，有幸接触了美国战地服务团（American Field Service）——一个非营利机构开展的学生、教师国际交流项目。在一番深入了解后，世外积极参与到这一交流项目中，每年筛选两到三名发展较全面、学习潜力强的高一学生，远赴美国高中开展为期一年的学习访问；另有一名教师深入美国中小学，进行听课学习、教学交流。

不仅如此，为了让更多师生成为国际交流的实践者，我校于 2001 年 7 月与英国雅顿学校（Arden School）签订了第一所姐妹校合作协议。我和来自英国的校长钱柏林（Chamberlin）达成一致意见：每学年，双方互派学生进行为时两周的访问。在这半个月的访问期间，学生们住在当地伙伴家里，同吃、同学、同乐，不仅融入

2007 年，世外学生与姐妹校伙伴一起包饺子

当地家庭，还走进当地课堂，与伙伴们一起学习知识，共同探索未知世界。这种完全对等的互访和交流，使两地学校都收获了长足的进步与可贵的友谊，使东西方文化共同获得认可与欣赏。

到了 2003 年 12 月、2004 年 10 月，世外又分别与位于美国旧金山硅谷地区的私立学校哈克学校（Harker School）和澳大利亚布里斯班的圣保罗学校（St.Paul’s School）达成了姐妹校合作意向。时至今日，世外与这两所学校依然保持着每年互访的交流活动。

基于德语教育的背景，我与德国驻沪总领事馆始终互有来往。多年来，领事馆下属的文化教育处为世外的外语学习发展提供了长期、无私的帮助与支持，如为学校提供德语教学资料；对在校的德语教师、英语教师开展培训，并对寒暑假学习出色的教师授予奖学金；在世外开办并组织全国范围的德语教学展示等。2005 年 3 月，在领事馆的牵线之下，世外又与位于德国曼海姆的符伊登海姆中学（Feudenheim Gymnaisium）签订了长期友好合作的姐妹校协议。这份以语言为纽带的深厚情谊，我一直铭记在心。

以上几所姐妹校的合作都是我和团队亲赴国外，不断沟通交流、协商斡旋而建立的。与德国总领事馆文化教育处的联系，也是由我利用自身德语语言优势主动打电话自我介绍，热情邀请他们来校访问、深入了解后逐步保持和发展的。一系列交流项目的开展，为世

2008 年，罗校长欢迎德国姐妹校师生

外学生和教师开创了语言学习和实践的渠道和机会，也为世外师生对多元文化的体验和理解提供了有效平台。现在想来，开拓之路虽不乏辛苦，但由此渐渐形成世外融会中西、宽容大气的校园气质，当初引进交流项目的种种不易都是值得的。

二、认证 CITA

随着交流访问的深入，我们接触了美国国际与跨地区鉴证委员会（Commission on International and Trans regional Accreditation，简称 CITA）。CITA 是一个非营利鉴证组织，由六个地区鉴定委员会组成，是全世界最具有影响的国际认证组织之一。CITA 的鉴证书是国际公认的质量标志。

经过大量的研究工作，我对 CITA 有了更深入的认知：CITA 认证是针对教育的专业认证，属于综合性的评价，具有完整规范的认证手册、严密的程序和步骤。认证学校资格有 10 条标准，认证阶段标准包括 12 条标准共 84 条细则。这些标准和细则既具有原则性，也具备可操作性。认证过程由自评和互评结合组成，自我评估与同行间的沟通和相互学习并举，注重通过“互认”过程从同行那里获得资源和信息，并以此促进自身的进步。一旦成为由 CITA 认可的认证学校，则可以在世界范围内的认证学校之间，进行学分、课程、学位水平的相互承认。

一所学校，倘若准备鉴证，必须提供以下五方面的材料：达到或者超过规定的质量标准；为实现学校使命或目标而努力；进行自我评估；向专业评估人员组成的评估小组敞开大门；始终处于促进

2004 年，罗佩明等与 CITA 鉴证专家合影

学生成功的努力过程中。

一所学校，倘若需要拿到鉴证书，必须经受极严格的评估：学校必须拿出数据说明自己的强项和弱项，证明自己有发展计划并且能够将学生提高的成绩和表现记录下来；由一支受过专业训练并且经验丰富的教育工作者组成的小组进行现场考察；最后，鉴证委员会对学校达标情况的年度文件和报告进行审查。

在了解了 CITA 认证的性质并仔细考量了其目的和意义后，我和我的团队经过多次讨论研究，决定欣然接受这一鉴证挑战。学校一以贯之的培养目标是“走向世界的现代中国人”，将世外的质量标准放在这样一个国际公认的有权威的机构下进行鉴定，会给学校的课程发展、学校管理、校园文化建设以及全校师生的未来发展带来极大的帮助。这对世外中学而言是一个极好的机遇。

2003 年 10 月，世外成立 CITA 认证小组，由我担任组长，席时亨、厉笑影、陈勇、穆绮芸担任小组成员，带领学校的校级、中层领导及部分骨干教师开始了长达一年的认证准备。这一年，经分工的各类工作小组定期讨论评估标准并进行自评，然后根据自评进一步讨论，分头撰写自评报告，接着是汇总文章，几易其稿……无数次的认证组大会、组长会议、小组分会；无数次的研究、讨论乃至争论；无数次的修改、汇总、校对，其过程不可不谓艰苦卓绝。这场“持久战”，我们终于打赢了！世外中学于2004年10月9日、10日两天，接受了CITA团队的认证，并于两个月之后正式成为了全球CITA认证的联盟校之一。

回想准备认证的这一年，世外正处于大步前进的转变期。正是我们的精、气、神，使世外有了无可限量的将来，因为人人心里都有着“世外要前进，世外要发展”的自觉意识。

三、引进国际融合课程中学项目

建校 5 年后，世外发展形成了初步体系。我始终没有停止思考如何促进学校的可持续发展，如何在 CITA 认证的基础上，继续搭建国际化教育平台。如此一来，建设世外国际融合课程一事便提上了我的工作日程。

一次出行有缘结识

2001 年，我拜托朱建华副校长率学校一些年轻的双语教师（陈勇、诸轶群、王建平、刘毅然等）一行六人前往香港参观访问李国宝中学、李宝椿联合书院、罗桂祥中学等几所学校。在李宝椿联合书院参观访问时，大家第一次接触到了国际融合的概念。回到上海后，他们几位就和我开始认真研究了国际融合课程。

我们发现，国际融合课程所重视的是人的能力，即终身学习者的气质和能力，对迅速变化的现实世界的适应能力，严谨的思维能力，独立工作及与他人合作的自信和能力，对全球问题的意识和对行动负责的意愿能力，跨领域进行有效沟通的能力，尊重、理解包容不同文化和民族的能力。细细研究下来，我认为这些能力要求中所包含的素养、气质、思维、品质等，与世外的培养目标和办学理念几乎是吻合的。世外强调的参与和实践，正是希望培养能符合21世纪社会竞争的复合型优秀学生。

在进一步讨论后，我们还发现一些学校正在进行的国际融合课程中另有其鲜明的特点：一是培养具有影响力的、品德高尚、思维敏捷、能力超群和口才雄辩的学生；二是发展学生优秀的个性，通过广泛的阅读和关注，评析国内外焦点，参加综合主题和社会实践活动，力争使学生知识广博；三是培养学生批判性思维，提高学生的语言能力。这使我们清醒地认识到，国际融合课程的培养目标和教育理念同当时国内的教育理念还存在着明显的差异，我们不能完全照搬。但倘若能够依凭自身的体制优势，以具有全球化视野的教育理念和国际化的课程框架模式作为有益补充，对于一所以"世界外国语"命名的民办中学而言，这般发展还是比较适宜的。

一次机遇坚定选择

2003年11月，徐汇区教育局主办了联合国教科文组织的亚太地区教育革新为发展服务计划会议（APEID），并要求世外中学承办分会场。为此，我们接待了来自各类国际教育组织机构的与会人员。巧合的是，时任国际文凭组织（the International Baccalaureate Organization，简称IBO）亚太地区项目总负责人的朱迪思女士（Judith Guy）就在其中。

借着会议的东风，我第一次有机会与国际融合课程的官员进行了面对面的广泛交谈。我向朱迪思仔细介绍了世外的办学理念、培养目标、学校办学特色等，并谈及了世外办学过程中的一些思考和具体做法。朱迪思被世外短暂而丰富的办学历程深深吸引，她非常

2012 年，国际融合课程四位老师参加亚太地区年会

认可世外中学致力于培养学生在德智体美劳和各学科的全面发展，同时具备“面向世界、面向未来、面向现代化”的终身学习能力和竞争意识的作法，这与国际融合课程的教育理念和培养目标极其吻合。她认为，世外完全有资格并有能力开办具有世外本土特色的国际融合课程。

朱迪思的充分肯定，无疑给我发出了强烈的信号：国际文凭组织欢迎世外加入。这也坚定了我付诸实践，开设隶属世外的国际融合课程的信心。

一段学习促成目标

于是，我着手带领一批年轻有干劲的骨干教师，开始了一段不同寻常的学习之旅。

2004 年 3 月，参加在印度孟买举行的国际文凭组织亚太地区年会；2004 年 3 月 25 日，赴上海新加坡国际学校考察；2004 年 4 月 9

2005 年，世外国际融合课程接受预授权访问

日，上海新加坡国际学校国际融合课程中学项目协调员乔尔（Joel）受世外中学邀请，到世外介绍融合课程；2004 年 5 月，参观上海平和双语学校、协和双语学校、上海中学国际部；2004 年 5 月 12 日，国际文凭组织中蒙地区负责人受邀讲解授权过程；2004 年 5 月 16 日，赴北京世青、汇佳、京西等国际学校进行考察；2004 年 6 月 11 日，赴苏州新加坡国际学校参观学习；2004 年 6 月 24 日，全体世外国际融合课程中学项目任教教师校内培训；2004 年 7 月 3 日及 8 月 20—24 日，全体世外国际融合课程中学项目的教师进行暑假两次培训……

在如此密集地外出参观、考察、参加会议、研究讨论的过程中，我和各位老师把各类学校的长处、精华和特色内化为自己的精神食粮和发展动力，展现了学校开办世外中学国际融合课程的决心和意志。

一年后的 2005 年 6 月 14 日，亚太地区国际融合课程中学项目负责人李斌到世外进行了预授权访问。在访问期间，世外中学对国际融合课程中学项目的学术框架体系、相互作用领域的核心作用以及对跨学科蕴含的理解，给李斌留下了极其深刻的印象。短短一年中，世外在学习和推进中学项目的实施过程中，工作效果非常显著。

预授权的顺利通过，使我们对世外国际融合课程的进一步实施和改进，有了更强烈的紧迫感和更大的自信心。2005 年 12 月 14 日，学校终于完成了国际文凭组织的官方授权访问，并于 2006 年 2 月获得上述组织颁发给世外中学的国际融合课程中学项目的授权书。

古人云：积跬步以至千里，积小流以成江海。20 年来，世外引领并探索的本土国际化教育之路可谓“积努力以成华章”。一路走来，我看到这么多老师把理想、个性、激情融入这座校园，“积极参与、努力实践”的世外形象被逐渐塑造，“爱心、优雅、大气”的精神已成为学校内在的灵魂。在上海高速发展的时代浪潮中，世外中学敢为人先、开拓进取，稳稳地走在与时俱进的道路上。我很荣幸，成为参与其中的见证者。

本土化改革融合教材

光阴匆匆，世外中学的国际化道路愈走愈稳。2009 年，世外国际融合课程中学项目的双语教学模式已初见雏形，师生教与学的积极性互有提高，家长也给予学校更广泛、更全面的支持；一年后，世外顺利通过了第一个五年的官方回访，国际文凭组织官员对学校的办学评价甚高；到了 2011 年，国际融合课程搬入百花街 400 号国际部新校区，明亮开阔、设施完善的崭新校舍，让人不由得对未来抱有更大的期望。

与此同时，我也清楚地认识到，世外中学的整体教学面临着前所未有的挑战：国际融合课程中学项目作为一个“空降”本土的课程，如何能在一所以国家课程为主体的中国学校，站稳脚跟，得到“入乡随俗”的发展呢？面对这伴随而来的全新课题，世外中学要做好两种课程的“嫁接”：即国际课程的本土化融合。我认为，无论是从教育改革的大格局，还是一线教学的小视野上，国际课程和国家课程各具特色，要以国家课程为纲，将两方面特点进行有效的相互渗透，既把国家课程的优势和特点融入国际课程，也将国际课程的收效良好的操作融入到国家课程中；在保持国际课程的精髓的基础上，不断夯实国家课程的坚实基础。这才是对两种课程都有积极指导意义的“双赢”做法。

明确了方向后，我感到肩上的责任愈发重大，一时间千头万绪，唯有脚踏实地，稳扎稳打，方可不辱使命。我和团队首先对比了国家课程和国际融合课程中学项目中的学科教材，并进行了相应改革。

语文学科保留了国家课程所使用的统编教材，同时建议国际融合课程的老师进行富有创意的选用。老师们可根据中学项目的教学目标和评价要求，合力重组板块，适当测试篇目，科学增补内容，设计创意活动，评估多维表现。

经过四年一轮的学习实践，重组后的融合语文课不仅让毕业生扎实掌握了语言学习基本素养，也借助母语学习无语言障碍的优势，丰富了学生的中文学习体验，提升学生人文艺术素养。在文本阅读的过程中，进一步培养了他们的辩证思维，为形成自己独特的价值观打下基础。

数学老师则在遵循国际融合课程的理念和教学目标、保持数学教学优势的前提下，自觉借用了在中学项目中所缺失，同时又是国家课程中非常成熟的部分单元，如借鉴国家课程的操练模式，适当增加运算操练，增强学生的计算能力和数感等。以此保证每一个年级的中学项目数学课程都覆盖同年级国家课程的教学内容，并在各学科组率先实现了教学进度的基本一致。

世外中学国家课程徐美英授课中

针对会考学科（如地理、历史、综合科学、生物等），我们根据上海市统考要求在国际融合课程中学项目教材里有序增加国家课程的内容，适时调整教学节奏，并组织学生参加模拟会考。由于使用了国家课程的一些教学内容，中学项目的部分课程也随之采用中文授课和中文答题，绝大多数同学取得了优良的成绩。

与此同时，国际融合课程在借用国家课程教材的同时，也会根据各学科的课程目标和各年级学生的具体学情，自行编撰了包括地理和综合科学的校本教材，并分享给国家课程和兼具境内外特点的双语课程使用。以校本地理双语课程为例，学生最早使用的是中国香港或英国教材，随着国际融合课程中学项目的本土化发展，我们参照了上海地理课程标准，补充

世外中学国家课程陈慧敏授课中

了大量的境内教材内容，编写了内容广博、深受学生喜爱的双语地理教材。这套教材的特点是：设计了大量的活动环节，鼓励学生更积极主动地参与，更强调学科性与人文性的兼备。在授予地理知识技能的同时，培养学生保护自然、敬畏自然的责任意识。学生能够灵活运用地图和地理图表，实践、探索、处理、运用地理的方法，自如掌握与生活密切相关的世界地理、中国地理和乡土地理等基础知识，懂得学会尊重和理解自己周围的世界，养成观察、思考、质疑和交流世界与中国及本地区地理问题的习惯。

通过以上不同层面、不同角度的本土化教材设计，国际融合课程中学项目更接地气，更加符合本校的培养理念，也使学生拥有更多的选择——既可以参加中考，也可以被世外国际融合课程大学预科项目所录取，满足了切实有效的社会需求。

本土化设计融合课堂

既然国家课程与国际融合课程中学项目两者各有特点，我在实施的过程中，萌发了这样一个想法：若能把双方课程中的亮点通融起来，则可能会产生“1+1 ＞ 2”的奇妙效果。

当我把自己的预设与老师们进行沟通后，语文组率先进行了尝试。自 2013 年起，世外中学国家课程与融合课程的六年级语文组老师们每月定时开展教学研讨活动，从一节课怎么上，到一个活动怎么开展；从落实具体的知识点，到如何提高语言能力和素养，国际融合课程的老师们虚心求教，思考感悟，把融合了境内外的课程精华，聚于自己的语文课，呈现在学生面前。而国家课程的语文老师也打开了新的教学视野，收获颇丰。

在世外，国家课程与国际融合课程中学项目的长处融合在一起，课堂教学既重视情感、态度、价值观的教学主线，激发学生爱国情，通过积极思维为解决问题出谋划策，又通过行为体验让学生真正活动起来，体现了世外倡导的活力课堂本质。以中学项目的化学课为例，化学实验讲究实验步骤的科学、规范，重视规则和程序。整个实验的过程，恰恰是全人类所有自然科学家开展实验必走的程序。其大致的步骤是这样的：

在课堂上，教师会先给学生介绍某一项实验的背景，对于六、七年级的学生，可能还会补充怎样对实验进行假设，做这类实验的方法是什么。然后请学生自主选择研究某一方面的课题或项目。接着，由学生自己去搜集、整理资料，写出课题（或项目）计划任务书。再与任课老师面谈沟通，分享自己对计划任务书的设想，听取意见，修改报告。老师则对这项课题（或项目）的可操作性方面或注意实验的安全性上给予具体的指导。此后，学生按照修改后的计划任务书进行实验。学生在实验的过程中，老师会巡视各小组，并积极参与其中，以此推动学生们对于实验的研究。实验过程中，老师始终关注一个问题：就是当学生有了一定的化学实验经验之后，教师的责任是给予学生更多的机会，给予学生更多的时间与空间，把他们的探究能力和实验能力紧紧地结合起来。通过整整五年时间，学生的经验积累得以不断地螺旋式上升。

可见，由学生自主完成的实验，成功也好、失败也罢，其本质是培养他们的观察能力、动手能力和思辨能力，激发学生探究自然与科学的兴趣，在探究过程中找到无穷的乐趣，从而形成持续的好奇心和求知欲，在求学过程中自信力得以提高。

由此，我也真正感受到了老师们的专注与用心。想法和方法是人生成长的一对翅膀，对青少年学生的精神生命成长难以估量，世外的老师在教学中落实想法与方法，并赋予学生思考的能力与行动的力量。

融合课程成效初显

2014年6月，第一届完成国际融合课程的学生，从世外真正走向了世界。在这个信息化时代，他们的成功，在学校的老师、同学、家长间引发了不小的热议。

2015年6月，我邀请了一些教师、学生和家长共同畅谈经历世外国际融合课程中学项目与国家课程的感受，大家的回答让我喜悦、自豪。

学生说：在世外，我成长了不少。

在中学项目的四年，我学到了很多：激发了兴趣，明确了方法，掌握了技巧，锻炼了能力，学会从不同角度思考问题，获得了更全面的发展。我们的思维比较开阔，自学能力有所提高，还有对时间和未来有了自己的规划。我们既能独立学习，又能与人交流合作，充满了对这个世界的责任感。

记得一次在外活动，一个家长看到我身着世外的藏青校服，主动与我交谈、拍照，还说，以后希望自己的孩子也考入世外。在校外，因自己"世外人"的身份得到认可，我为世外感到骄傲。

老师说：在世外，不断探索未知。

世外国际融合课程中学项目的大纲随形势而变，学生随年龄而变，我们作为世外老师，敢于在未知的领域内开垦探索。

老师不仅要关注学生的语言能力，还必须关注他们的素养提高，与人沟通和人文情怀的培养。大家一直在思考，要用什么样的教学手段、用什么样的教材和方法适应这么多思维活跃、有创造力的学生。

一路上，我们开拓进取，永不言弃。

家长说：在世外，孩子的变化很大。

世外的老师优雅、大气，用平等、民主、宽容的姿态教育孩子，让孩子很自然、很纯粹地成长。孩子与人为善，富有教养，愿与他人合作，具有独立思考的能力。

孩子喜爱学校，他投入学习，在国际融合课程学习中，绝大部分作业形式新颖，开放，在给予他很宽广的思维空间，促进他去吸收新的知识的同时，也不失为一种挑战。但孩子的变化让我们欣喜，他积累了不少有用的学习方法，中文底子在不知不觉中增厚；随着字词句篇的系统训练，随着不断品读文学和影视作品，他从模仿走向创作；他的英语水平提升已让我们做家长的望尘莫及——因为除了英语学科本身，还有其他学科英语的全方位输入和输出；他的演讲水平与日俱增，因为各学科都会提供大量的口头表达机会——学科的目标定位和班级人数是两个重要的因素……

世外的名声日益高涨，我很欣慰，也清楚地明白，世外前进的道路远未结束，我们唯有脚踏实地，继续在实践中不辍探索，以谦虚谨慎的姿态面对荣誉与掌声，才能不辜负社会重望。

四、启动国际融合课程大学预科项目

就成长中的世外中学而言，对教育教学的结构优化、合理布局、科学规划既是学校长远发展所需，也是城市发展对中学教育提出的新要求和新任务。我和我的团队积极参与、努力实践，不断反思、探索：世外教育的发展如何才能适应上海的全球影响力，更好地服务于城市发展的总体目标，提升整体服务水平，形成鲜明特色，促

2009年，罗佩明、徐俭等接受DP授权

2011 年，罗佩明为首届 IBDP 毕业生颁发毕业证书

进辐射发展呢？

在学校初试了世外国际融合课程中学项目之后，我惊喜地意识到：在教育教学活动中，有效重视学生的发展理念、教育渠道与评估方法，可以促使世外的国家课程越发丰富多元。但此举也令学校面临不小的压力，如就读于中学项目的初中生会走向哪里等等。

令人振奋的是，世外中小学教育集团董事长王均金敢为人先，作出了学校历史上石破天惊的抉择。他果断提出：世外小学和世外中学要做“中国第一所国际融合课程三个项目一条龙的百年名校”，对我们而言，即启动世外国际融合课程大学预科项目，此举一下子将学校的教育国际化推向了新的高度。董事长这一具有战略意义的决策，使我们冷静思考、豁然开朗；眼前越发广阔的教育天地，进一步坚定了世外的前行方向。为使融合课程大学预科项目得以顺利启动，世外于 2007 年下半年，成立了由吴新贤、岑晓华等老师负责的筹备小组。

记得在项目开创初期，吴新贤和华师大退休教师苏云荪先生带领具有国家课程教学经验的岑晓华、孙亮、楼晓娴、王静、徐卓成，刚从大学毕业的任洁、於嵩、陈佳纯、俞芳林等老师，外加两位外教 Doris、Casey，以及兼职大学老师王荣华，组成了开设国际融合课程最低要求的人员配置。队伍虽小，但人心一致，吴新贤老师始终是世外团队的主心骨。一天中午，我从浦北路 380 号校区走到位于桂林西街 57 号校区，来到四楼吴老师那间小而狭长的协调员办公室。一下午时间，我们促膝长谈，探讨一线教师的工作情况、心情状态，学生的学业等等，我们互相鼓劲，坚定彼此的信念。如今想来，正是世外一以贯之的亲和力和凝聚力，把老师们的心紧紧团结在了一起。相较世外的国家课程及国际融合课程中学项目，大学预科项目起步较晚，但其发展迅速，广受瞩目。抚今追昔，有这样一些认识值得落笔、总结。

认清现状是首要之举

做好对现状的认识与判断，可以更好地控制发展中的盲目与无序，转而注重更有效、更全面地提升教育质量，重点扶植并培育优势学科和特色活动。我们在日常教学中充分感到，选择大学预科项目的世外学生主要呈现以下这些特点：

一是英语听说能力较强。当我们的学生参加全国或者上海市、区的英语活动时，别人很快能辨别出来这是“世外的发音”。为此，可以骄傲地说，世外人的语言识别度很高。在融合课程中，绝大多数的学科组以英语作为教学语言，加上世外学生的英语学习能力较强，这就使得他们在各门学科的学习上，课堂活力迸发，课堂效率较高。这可能也是师生之间、生生之间沟通有效，学生善于倾听和交流的重要原因。

2009 年，罗校长为首届国际文凭课程德语班学生答疑

二是二外学习水平较高。除了我所任教的德语学科，世外第二外语组现有日语、法语、西班牙语、韩语等多语种，学生从国家课程到国际融合课程，始终在主体浸润式的语言环境之中。二外学习既促进了各门学科的综合学习，也可以其语言背景的优势，提供较为丰富的人生阅历。学生学了二外之后，不仅就语言能力得以提升，也有助于整体思维能力的提升。增加了一门外语，也就提高了一定的多元文化涵养，逐渐形成了他们更独立自主的世界观、人生观、价值观。当孩子们在读书时就拥有比较开阔的境界和视野，这将对他们一生产生重要的影响。

三是外语读写能力相对薄弱。在以国家课程为纲的教育教学中，我们清醒地看到自身的不足——相较听说能力，读写能力是弱项。在答题和实验报告的撰写上，学生往往暴露出这一方面的缺陷。

为此，我们在大学预科项目中成立了全新的支持英语组。设立新英语组的目的有两个：一是帮助学生在语法上得到新的提升；二是为学生通过语言考试，传递这样一种信息：我们的老师陪伴学生一起成长，和学生一起体会语言学习的责任与压力。

可以说，世外对当下学情的认识与判断，有利于以人才培养需求为导向，调整优化课程结构，发挥不同课程的特色功能和优势，为国际课程的本土化建设提供智力支撑、人才培养和管理服务。

构建体系是重要突破

对于参与世外国际融合课程的管理者来说，如何进一步落实办学自主权、激发教学活力、充分发挥外语学校的优势，是在教育领域备受关注的新兴话题。而改革中，一方面要处理好政府与学校的关系，从传统的控制模式走向共同治理模式；另一方面，也要协调好学校内部的关系，消除体制壁垒，提供制度保证，为跨学校、跨区域的互联、互通、互认、共享，创设基于国家课程的合作会商。伴随着徐俭、厉笑影、陈勇、穆绮芸等校领导班子的鼎力接棒，世外率先明确，要依据“以人为本”的思想，确定教育教学的理念和战略。只有这样，融合国家课程的大学预科教育才能出现学生自主、百家争鸣的良好局面。

世外国际融合课程大学预科项目课程

语言和文学	语言与习得	个人与社会	科学	数学	艺术	TOK（知识论）
中文 A	英语 B	经济	物理			
英语 A	中文 B	历史	化学			EE（拓展性论文）
	二外（日、德、法）		生物			
	DP 学术英语（校本课程）					CAS（创造、活动、服务）

当代著名教育家叶澜在《回归突破："生命·实践"教育学论纲》中提出，所有的学科都有育人价值，它涵盖了许多方面，这些学科的育人价值对于学生的精神生命成长极具影响。阅读本书的过程中，我深深感到世外大学预科项目的可选学科，恰恰正是按照叶教授所指出的那样来完成的。叶教授所讲的学科育人价值有七个方面，即头脑中的知识结构层级、思维方式与思维品质、符号理解、互换与整合、综合运用的能力；对未知领域的好奇，发现问题和解决问题的创造能力；对事物认识的穿透力和时空贯通感；对他人的善解、合作与处理矛盾和冲突的能力；对自然世界的感受、理解、理性相处与和谐共生的自觉意识和能力；对人生中各种美之感受与欣赏，乃至创造愉悦与美的能力；最终归纳到对自我个性与人格、发展理想与信心，策划与在现实中践行的生命自觉意识与能力。

如此丰富的内涵几乎在每一个学科内，都有不同程度的存在，具有形成某方面精神世界发展的特殊资源和可能。在世外，没有一个学科可以视作无足轻重，需要每一位学科教师深度开发，才能形成对本学科独特育人价值的认识和实践能力。就世外目前的可选学科来说，师生会共同感受丰富的语言学习、有趣的实验经历、浓郁的艺术气息。

我听到，同学们在语言老师的引领下，对文学充满激情，通过阅读、思考、写作、讨论，了解国度与文化，碰撞彼此的思想，抒发各自的情感。正是这份在课堂上相互传递的由衷热情，引导世外学生注重对于语言的多元运用，除了常规文体写作外，课堂活动还包括采访、设计调查问卷、写博客、活动方案设计、各类目的的信函写作、小辩论等，体现以学习者为中心，语言与多元文化，与生活实用紧密联系的融合课程理念。

我看到，每一届学生自发组织并参与 G4 活动——学生为主体

2016 年，世外大学预科项目学生进行 G4 实验

的科学活动嘉年华。就在不久前的展示中，同学们以引发社会热议的地沟油现象为例，分物理、化学、生物等领域研究地沟油的特征，分析地沟油的成分，探求地沟油被食用后所产生的生命影响等。最后，将实验数据进行采集、分析、处理并得出一定的研究结论，通过视频、海报、PPT 等多样的形式，向全校师生开放。G4 活动的理念是：作为一个学生的长期研究项目，它让学生感到科学探究来自现实生活，投入学习的兴趣，体现思想的独立、自由。

我感受到，世外校园始终洋溢着美妙的人文气息。许多人说，世外是孕育艺术的沃土，这可能同我们对艺术的钟爱有关——从学校创办开始，我便梦想在校园的中心区开设“钢琴角”，这个梦想终于在五年前实现了。我和我的团队积极参与每次的“钢琴角”活动，坚持搭建“艺术节”舞台。无可否认的是，世外的每一届学生中，不乏有一批相当富有才华的艺术特长

2016 年，学生在“达人秀”上表演相声

生，学钢琴的、学舞蹈的、学唱歌的等。为此，学校创设了丰富多彩的艺术展示：从与姐妹校进行书画、剪纸、摄影交流到欣赏“达人秀”舞台的特色表演；从莎士比亚戏剧节，再到“舞动灵感”的视觉艺术展。各种展现，目不暇接。

2016 年，学生在“达人秀”上表演乡村歌曲弹唱

在世外国际融合课程的建设过程中，我更高兴结交了一群志同道合的青年。每一次参与中学项目、大学预科项目组的培训、研讨，都可以见识到教师从学习到思考的整个过程，领略到身为世外教师的胸襟与抱负。当然，从中也可折射出教师心灵的美丽瞬间，及桃源教育不可言说的精彩。更为重要的是，借此可见世外教师对事业锲而不舍的追求，敏锐的感知力和洞察力，以及他们开放、包容的思维和心态。

正是世外每一位学生、每一名老师充满的热情与活力，激发了所有世外人共同追求在富有学术与艺术氛围的校园中，快乐读书、自主思考，不断进步、成长。

深化管理是长效保障

近年来，世外在国际融合课程方面已有诸多前期探索，基于国家课程、适应世外发展的参与、实践理念深入人心，这些尝试是在摸索中不断进步的。我们的整体管理特点秉承“人人都是德育工作者”的世外精神，育人和育分相辅相成，实验与实践齐头并进，将课程研发落实到人，以学生为主体，为学生发展不遗余力地搭建平台。

在世外大学预科项目中，活动最初以学校主导的艺术、体育等兴趣课为主，继而逐渐以学生社团的方式运作。目前，由学生独立创建、符合融合课程理念的社团共有 80 多个，包含艺术、服务、学术、体育、生活等五大类，平均每名学生参加三个左右的社团。这些社团都是充分互动的、开放的、专属学生自己的团体。

活动不仅限于培养学生的组织力、领导力，更着眼于“全人培养”。参与其中，学生的计划、组织、协调、沟通等非学术能力得以全面培养。而上述能力，恰恰是学生走上社会后、与人交往中，不可或缺的重要部分。此外，项目活动中还包含了学生在高中阶段的重要任务，即个人生活定位和专业选择。学生在活动反思中，不断地发现自我的长处和短处；在成功、缺憾和失败中，发展自我、修正自我、定位自我。在人生的各个时期、不同的转折点上，能进行有效的自我评估和定位，是漫漫长路中宝贵的素养与品质。

随着社团活动的深入、有序推进，世外人不断有所发现，有所创造。

一是引导知行合一。

通过一次次校内外活动，我们发现：社团是青少年人生成长的重要发展载体之一。社团对于青少年兴趣、情味、爱好的培养，对于思维、能力、品质的提升，对于人的专业选择和生活定位等起着不可替代的作用。

尽管社团的管理、活动基本上都是由学生自我开展的，就学校而言，仍然给予充分的规划和引导。我们对于各年级的活动作了大致分配：

第一年，初步体验社团文化；第二年，主动实施自己的社团项目；到了毕业年级，基本完成社团交接的梯度序列。总而言之，引导学习融合课程的学生，努力形成参与、实践的社团文化氛围。

在此，我仅以“学生公司”——一个熟悉而不平凡的经济学科社团为例加以说明。“学生公司”社团的首任社长叫裘立尔，她是世外初中的毕业生。在大学预科项目学习期间，裘立尔同学带领她的团队从售卖“世外校服熊”起家，从产品的创意、销售、策略等角度考虑，将经济学科中学到的诸多知识点运用于产品推广中，引发了全校师生（包括诸多往届毕业生）的购买热情；历经一番实践之后，他们对课堂所学的经济学科产生了深入浅出的了解，从而对课业学习更加深了兴趣。课堂源自生活，生活又启迪了课堂。学生社团的成员们以实际行动显示了富有成效的螺旋式成长路径。目前裘立尔已考上纽约大学阿布扎比分校——一所国际顶尖的经济类大学，她在将接力棒交给下一任社长的同时，自身也正迈向成为“社会企业家”的发展理想。

诚然，成功不限于某一社团，也不限于某一学科。其他学科，比如语文学科的宣传，美术学科的设计、广告等，同样在项目活动的催化剂下，起到了热烈的化学反应。借此，学生学到了如何进行个人管理；学生社团如何开展有效的团队管理；怎样进行进一步的宣传、组织，使社团更有活力，使服务更有成效……总而言之，绝大多数学生对此乐此不疲。学生在国家课程初步形成的关乎学术的技能、兴趣、专长、服务精神，在国际融合课程的学习生涯中得到了进一步拓展。

二是重视仪式教育。

之前讲述“十四岁生日”活动时，我曾谈及仪式教育对于师生心灵的震撼。对此，我始终相信，学生时代庄重的仪式感，将一辈子镌刻于参与者的心间。

同样是仪式教育，我们于 11 年级开展内蒙古植树活动，将其与 18 岁成人典礼结合起来。为此，我和我的团队有着多方面的考虑：

在活动中，让学生站在 18 岁的路口，回顾和反思自己一路的成长历程——不仅，学会感恩父母的培育、师长的教导、学生伙伴的陪伴，还要以实际行动回报一路走来的父母、师长与朋友。而且，对于绝大部分上海学生而言，亲历遥远的内蒙古草原，会是一次更全面了解中国、感受祖国的机会。学生可以在活动中体会华夏以北的爽朗风情，与淳朴的当地人分享与沟通；也可以通过活动，感怀壮丽河山的神奇与美好，将旅途的点滴铭刻心中。今后踏上异乡土地之时，能和老朋友分享祖国的壮丽，与新朋友交流今日中华的发展。此外，以植树为名开展活动不仅让学生亲身参与、体验环保的重要，更使他们懂得，在内蒙古大草原上，有一棵自己亲手植下的树，从而感受自己牢牢扎根于祖国的广阔大地上。同学们不仅在播种一棵棵树，还在心灵上种下了善良、坚毅与刚强。对一批即将远赴海外求学、将来立志报效祖国的学生而言，这份实实在在的爱国主义教育显得格外珍贵。

每一次行政例会上，我和我的团队总在不经意间交流着同样的感受：虽然世外实践的是国际融合课程，但是这 20 年来，我们始终重视培育学生的内在情怀，形成学生的民族自豪感

2016 年，世外大学预科项目学生在内蒙古植树

和责任心。我认为，只有这样，才能支持孩子以自主之力走得更远；只有这样，才能解决“为什么读书”这一值得长远思考的问题；只有这样，才是切实有效地培养“走向世界的现代中国人”。

三是提升评价视野。

在这一方面，比较突出的例子是学生自主统筹的山区支教活动。

每到 5 月，十年级所有学生都要远赴大别山进行支教。在支教之前，全年级同学必须依次完成三件事：首先，进行广泛地宣传、筹款，做好相关的资助准备；然后，分组设计有特色的课程及适合当地学情的活动，做好相关的教学准备；此外，还需要事先收集新闻资料，做好关于当地民生、经济的考察准备。

十年级学生在支教过程中，通过实践获得感悟，在感悟中取得收获。从大家的活动总结中，可见：学生尽己所能，为大山的孩子们带去尽可能多的帮助，与此同时，需要努力平衡自己的学业和生活。学生在大别山学习、生活，切身体会了当地老百姓的生活，亲身感受了山区孩子对他人的关爱，从而更懂得珍惜现在拥有的一切，珍惜生活，善待身边人。当他们真实地体验了中国中西部地区的现状，会从起初单纯的震惊、感慨转而思考这些地区的未来，以及自己在这样的世界中应当承担什么样的责任。

值得一提的是，学生从大别山回来之后，他们会为之前的想法作出许多改变。十年级的学生开始思考支教对自己的真正意义究竟在于何处。作为师长，我们感

2011 年，世外大学预科项目学生在大别山支教

2011年，世外大学预科项目学生在大别山支教

到：学生内心产生这一类的纠结、挣扎是好事，体现他们逐渐认识到为社会服务的好处——不是学校安排我要怎么样，而是我发自内心地感到应当为社会、为他人做出一些改变。当学生从人生观的长远角度思考活动的价值和意义，这种人生责任感的提升，必定是真诚的、有益的。

就在不久之前，大学预科项目的学生自发成立了两个新的服务类社团，其中一个称为“1803”，这串数字代表从上海到大别山的距离——1803公里。每周三，社员们会通过QQ在线视频，继续为山区的大量留守儿童授课、讲解。学生以自己的特长，开了两门受欢迎的课——音乐和生物。对此，社员们表示：教音乐是因为我们在实地体验中，发现山区儿童普遍敏感、害羞，大家希望通过这一无国界的媒介，鼓励大山的孩子们勇于表达自己、展现自信。

面对这么多博采众长的社团，总有人问我：如何引导老师进行管理和指导呢？对此，我们依然秉承世外一以贯之的P&P理念，先尽力发挥学生最大的潜能，让孩子们去判断、去规划、去解决。如果学生确实碰到一些无法解决的困难需要成年人的帮助，学校对此义不容辞。

不明就里的人笑言“融合”是四不象，不中不西，亦中亦西，无所可而又无所不可。而在我们看来，这正是未来发展文明的重要特征。文明理应融合一切而成，在其融合的过程中，当然会在一定程度上，表现出无可名状的离奇与怪异。但一经萃取、提炼，待到纯粹、展示之际，人们将会惊叹其无边的夺目和精彩。

我们希望，世外人是积极参与的实践者——知识有别于信息之处在于它对信息系统化、理论化的总结；将各种信息转化成知识的过程，取决于转知识成智慧的能力；在此过程中，筛选、甄别信息的可靠性以及资料的有效性是利用信息的第一步。

我们希望，世外人是名副其实的学习者——在特定知识问题上，有着独立的立场来思考、判断；关注现实热点而不盲从轻信，了解过往历史而非人云亦云；以实证精神和怀疑态度全方位地看待问题，形成自己的辩别能力；变被动地接受知识、仅仅为了识记结果为积极地探求知识、审问分歧。

我们更希望，世外人是货真价实的思考者——不仅注意到他人观点的明智，而且会反思自身意见的局限；以国际化视野关注更为宽广的文化，如不同地域与文明、不同时代与社群等；抛开种种的理所当然，放弃旧有的现有观念，尊重他人观点，倾听他人意见，以多维视角发现差异的合理性，以兼容并包的开放精神，面对复杂多变的生存样态。

在世外，桃源中人只消翘首以待，便可知国际融合发展的未来将会怎样的赏心悦目。

Chapter 05

第五章

创新机制建设　心系世外未来

最美依然桃花源。

桃源之美，四季如是：春日生机盎然，百花烂漫；盛夏光影斑驳，小径郁葱；深秋落叶尽染，云淡风轻；寒冬偶有飘雪，纯洁静谧。

青青草地上的几株桃李开了又谢，谢了又开，唯有刻着“桃源”字样的灰石静默守候；一批又一批的“蓝天白云”进进出出，而置身其中的“桃源人”，则永远是学子口中最美的景致。

每年9月，随着新学期的来临，总有一批初出茅庐的新教师步入这方天地，或娴雅和悦，或富有才情，或活力四射，看着他们抱着书本，面带笑意与学生交流的样子，也时常让我回忆起自己初踏三尺讲台时的意气风发。我相信：这些年轻人很快就会感受到在世外的人才培养机制中收获成长、不断进步的乐趣。在这片郁郁葱葱、拥有博大生命力的桃源沃土，每个人都可以自觉地把握自己的人生。

于我而言，在世外的20年是一场绝佳美妙的旅行，沿途永远有青春活力的面孔，新鲜有趣的风景。我在踏上这的漫长旅程时，尽管其间不乏曲折艰苦，困难悲辛，但正因为一路邂逅这么多蓬勃向上的“桃源人”，我才不致进退失据，陷入迷惘，而是以平和宽柔的心态笑对一切。

风过无痕，花落无声。于岁月深处蓦然回望，廿载前的世外与如今的桃源交错闪现，思想激荡，青春飞扬，种种感情和回忆，历经时光的磨洗、沉淀、升华，最终留下一份珍贵闪光的情怀，深入灵魂，融于言行。

一、学校既要“管”更要“理”

每每在各种场合说到教育，总觉得这很复杂，因为它与个人、家庭，和时代、社会密切相关。正如陶行知先生言，“在教师手里操着幼年人的命运，便是操着民族和人类的命运”。而今回溯半辈子的从教经历，让我再谈教育，又感到可以很纯粹：捧着一颗真心、带着一片真情，切实解决他人成长道路上存在的困难，便是为教育奉献、关心学校发展的真谛。

古语有云：天时不如地利，地利不如人和。于一所学校而言，

2005 年，民办上海市世界外国语中、小学成立（前排左五为罗佩明）

硬件设施的价值可被估量，而精神状态所带来的价值却是真正的无价之宝。20年来，世外尤其注重“人和”，“参与、实践”理念背后始终强调“以人为本”的教育主体。

那么作为一校之长，如何赢得人心、发展教育呢？陶行知先生的回答是：“校长是一个学校的灵魂，要想评论一个学校先要评论校长。”确实，作为学校领导者，其自身的人格魅力是外在于学校管理的一种精神力量，但绝不是推动学校谋求发展的本质，脱离了学校科学民主的管理，对学校的发展兴衰来说，不过是无本之木。

在世外人心中，管理学校，既要管，更要理。为此，我和我的团队坚持以制度为保障，向管理要效率，向管理要品牌。20年来，世外充分利用公立转制在体制和机制方面的优势，坚决执行教育的各项政策和法规，汲取科学的学校管理模式，结合校情，严慈相济，先后制订并完善了近200项学校内部管理的规章制度，涉及人事、教学、总务、财务、外事管理等，保证各方面工作都能做到有法可依，有章可循。

随着学校规模的扩大，目力所及的各项制度也在不断得到补充与修订，如《世外中学境内外课程联动制度》、《世外中学绿色指标实施方案》、《世外中学廉政风险说明》等都是近来顺应教育潮流的管理规则。我和我的团队在新制度执行之前，都吸纳教代会的反复讨论结果，广泛听取教工意见，充分体现世外管理的公开、民主与规范。

细细想来，正是因为学校的管理制度不断完善，保障了我们在开展任何工作时，都有章可循，赏罚分明。

初创时期的规章制度

在世外初创时期，就基本确定的规章制度主要有以下这些：

校长负责制

在世外，校长是法人代表，对外代表学校，对内全面贯彻实施党的教育方针。校长提出个人的办学思路，经集体讨论通过执行，形成有个性的办学特色；制定学校发展的长远目标和近期计划，督促和协调各部门努力实施，并鼓励他们创造性地完成；及时发现办学中出现的带有倾向性的问题，进行调整或纠正；对学校的教育教学质量和学校的人财物安全负领导责任；对人财物的安排有决策权，重大财务支出由校务会集体讨论决定。

岗位责任制

世外实行分层管理，岗位职责分明。校领导敢于负责，不推卸责任，但又不包办代替，使各级干部能放手大胆、认真负责地工作。教师以年级组为单位，主管年级的思想教育和教学工作，学校注意对年级组长的培养，充分发挥他们根据年级特点独立开展工作的主观能动性和工作能力。

政治学习制

世外的政治学习分为多个层面：每两周一次的中心组学习，教工党支部学习、团支部学习，及每周一次利用业余时间的全体教职员工学习等。不同层面的政治学习都有明确的计划和重点内容，有共性也有个性，如中心组学习是以提高干部的思想素质、工作作风以及管理能力为重点；党支部学习是以学习党的文件、发挥党员的先进性、明确党员职责为重点；教职员工学习是以师德修养和形势任务、教育理念等为重点，内容丰富、形式多样、有与时俱进的教育意义，深受学校同仁的欢迎。

校务公开制

世外的行政重大决策事项都按规定、分层次实行校务公开制度。涉及学校全局的重要举措，如结构工资方案、干部考察、提拔、师训计划、教育教学工作计划等均按“校务会议—行政会议—教代会—全校教职员工会议”程序公开、贯彻并落实。非重大决策都由校务会议或行政会议讨论决定。干部提拔、奖励等都在校务公开栏中公示。重要决策均事先征求党支部意见，或在党员和骨干教师中取得一致意见后，再向全校教职员工公开，充分贯彻民主集中制的原则。

聘用合同制

世外是上海市首批实行人员聘用合同制的试点单位，办学以来，学校始终严格执行人员聘用合同制的有关规定，坚决打破传统的“铁饭碗”，教职工能进能出，双向选择；采用公开考核、重工作实绩的公正科学的评价标准，做到优胜劣汰，优劳优酬，促进了学校人才的柔性管理，不断优化师资队伍。对工作有成绩的教职员工在政治上、待遇上给予相应的奖励；而对工作态度恶劣，违反师德规范的人员则坚决予以解聘。

值得一提的是，随着2007年新《劳动合同法》颁布实施以后，学校本着依法治校的原则，对签订的劳动合同进行了调整，在加强日常管理的同时，对教职工的问题及时提出、及时提醒。对于连续两年不能达到要求的教职工进行岗位调整。新的绩效工资实施以后，学校再次抓住契机，进行评、聘分开工作的推进。这对建立一支师德良好，业务精湛的教职员工队伍，以及端正校风、教风具有十分积极的作用。

教师培养制

由于近年来，学校发展较为迅速，加上民办学校的特殊编制，世外的青年教师占比较高。为此，我们认真制定了新教师培训制度，加强岗位带教、深化教学理念基本技能的培养。此外，学校特别注重定期的教研组、备课组活动，由教导处定期召开教研组长会议，商讨、分析教学现状，提出要求，发挥同学科内同伴互助的作用，并且鼓励中青年教师参加区级以上的青年教师教学评比。每年寒暑假，世外的教职工总比其他学校晚放 2、3 天，学校利用这段集中培训的时间，进行教学理念的学习、教学实践的研讨和教学方法的改进，逐步收集并整理校本课件资料库，主要目的就是鼓励引导教师将信息技术与课程相整合，进一步提高课堂教学的有效性。

干部廉洁制

领导干部的工作态度与作风是学校发展的重要因素。认真切实地执行干部的廉洁自律制度能保证干部以良好的形象带动广大教职员工共同前进。我校中层以上党政干部每学期都要进行述职、述学报告，接受广大教职员工的评议和监督，并召开民主生活会，积极开展批评和自我批评。同时，学校还在收费、招生、学生保送、干部提拔、师生奖罚、出国、财务等问题上坚决杜绝任何违法违纪现象，加强教育和监督。

回首历历在目的发展，我无不自豪地说，对于上级制订的法规，世外历来坚持不折不扣地执行，在招生、收费、纳税等重大敏感问题上，始终遵纪守法，廉洁奉公，多次受到上级领导的表扬。由于学校内部管理制度健全、落实到位、检查得力，而各部门都能通力合作，以高标准、严要求开展工作，真正做到依章办事、分层负责、条块互动，充分调动了全校教职员工的积极性，营造了奋发向上的氛围，保障学校政令畅通，教育教学工作井然有序开展，实现了高效能管理。

新形势下的校长负责制

2005年，均瑶集团积极响应上海市委、市政府提出全面实施教育综合改革，率先基本实现教育现代化的战略决策，出资投入教育事业，参与了世界外国语小学和中学两所学校的教育改制。因此，对于世外而言，教育改制给我们带来了新的挑战和发展机遇，而董事会领导下的校长负责制也在这次转制中应运而生，并成为了世外领导干部机制的核心。

对于董事长王均金而言，从民营企业家，到民办教育人士，虽然身份角色不断转变，不变的是他一直很清楚自己所追求的目标与初心。参与教育事业后，以董事长为引领的均瑶集团把“百年”理念延伸至教育领域。可以说，世外不是均瑶集团的产业，而是集团承担社会责任的延续体现，是可持续承担社会责任的教育品牌。在缔造“百年老店”、做可持续发展企业的同时，均瑶也把世外视为可持续发展的“百年名校”。“我们留下一个什么样的世界给子孙后代，在很大程度上取决于我们给世界留下什么样的子孙后代”便是董事长贯彻教育方针、依法规范办学、强化外语特色、走向国际舞台、打造百年名校的思想理念，也体现了他投身教育、开拓创新的远大理想。

转制民办以来，根据《中华人民共和国民办教育促进法》和《中华人民共和国民办教育促进法实施条例》，学校制定了《董事会章程》，实行董事会领导下的校长负责制，徐俭校长自此走马上任。

2008 年，世外中学第一届董事会成员合影，左三为罗佩明

学校发展方针、宗旨章程、重大发展规划、年度工作计划、重大事项等由负责决策机构——董事会讨论决定。在新形势下，我有幸成为了学校的常务副董事长，接受董事长的授权和委托，主持董事会的工作，执行董事长的职权。

董事长拥有董事会授予的重要职权，而肩负教育使命的王均金董事长深知决策的正确与科学对于促进民办教育事业的健康发展有着不言而喻的重要意义。因此，他始终以身作则、与时俱进，以抓住转制的机遇、建立新的工作机制、形成良好的工作氛围、调动教工的积极性为决策出发点，坚持董事会实施的“个别酝酿、共同磋商、集体领导、会议决定”的工作原则，充分发挥董事会的决策核心作用。

董事长将董事会的决议看作最有力的工作保障，坚持学校的重大事项经由董事会议“先知晓、先学习、先讨论”，充分发挥董事会成员的议事决策意识。学校每年的聘任工作、财政预决算都在董事会内预先讨论，广泛听取其他董事的建议和意见；学校每学期的规章制度都通过董事会上下的反复斟酌；学校每一次的发展规划，招生、毕业情况都及时在董事会内部做好沟通，得到与会各人的了解和支持等。可见，董事会是学校重大决策的领衔者、开展教育教学改革的发布者，给予所有董事参会议会权利的同时，也强化了大家世外品牌意识，更好地发挥示范引领作用。

科学的管理是层级推进的，领导机制发挥的是能级效应。作为董事长，王均金与董事会、校领导默契配合，善于带动学校各部门，层层落实各项工作。他充分给予学校办学自主权和财政支配权，重视以民主制度促进董事会决议的推广，严格按照制度要求，规范议事程序，保障决策的正确与科学。学校决策层有规范的董事会议制度，定时、定人、定点，有内容、有研讨、有记录，由董事长主持召开。就在2015年学期末的教代会上，由教工代表深入调查民意，收集各个工会小组的提案，经工会汇总，及时向校长提交；而后由董事会层面，广开言路，认真讨论提案的可信性，并在教代会闭幕式上，校长向全体教师宣布提案的审议结果，充分发挥广大教师的民主权利，尊重每一位教职工了解、关心、支持学校进一步发展的需要。通过董事会议上传下达老师们的意见和建议，进一步使决策层的规划更有依据。

转制11年来，学校的顺利发展离不开董事会的合作共赢。为了更有效率地开展集体工作，董事长十分重视沟通的作用，即使对于可能出现的分歧或是争论，一样持有积极的态度。他参加了所有重大问题的决策，并且听取校长关于学校日常管理情况汇报，督成校长依法行使相应的职权。在2014学年，学校新五年规划和学校价值观的讨论中，董事会既组织了校级领导层面的座谈，也安排了大规模的教师研讨，还进行了个别的交流、访谈。我们将每次的建议汇总整理后，再放入董事会议中讨论，最后做出科学、合理的规划，尊重全体世外人的交流成果，又始终以学校的建设发展为本。

教育与创业，这是两件密切联系、相似而又不同的事情。百年长路上，董事长以善于学习、勇于开拓的精神，逐渐赢得了世外人的青睐。有了冒险精神，就不能瞻前顾后。一旦说服自己选择这一领域，便要矢志不渝地干下去。更何况，对于年轻的世外来说，立足本土、放眼世界是终身的使命。集团于 2013 年至今，托管徐汇区康健外国语小学和中学，为均衡教育不遗余力，输出名校品牌和师资。

总之，20 岁的世外将“人和”发挥到了极致，我们既关注对学校有形资源的建设，也充分重视对其无形品牌的营造。一代代世外人正是以桃源独特的理念、精神、气质等魅力，把校内外的人才、技术、资源等吸收了进来，让学校不断发展壮大。

我想，倘若当今的教育教学没有乐观纯粹的发展空间，那么全社会就难见真正的富有创造的精神产品，整个时代的发展就只能在同一个层次上向前走。这似乎是在发展，但永远难以提升层次。因此，作为精神文化活动场所的学校，保有纯粹的发展追求，保留独特的精神引领、品牌魅力，或许比什么都重要吧。正如世外的名字一样，我们都是“桃源中人”。只要你一直探寻，路就豁然开朗。现实生活中的小径往往都是近道，桃源这条通途则会更曲折艰苦一些，同样地，风景与人情总会比大路上来得更好一些。

二、教师是世外的财富

来到世外，大约都有相似的感受：无论何时，这片桃源都可以美得像画一样。春日生机盎然，百花烂漫；盛夏光影斑驳，小径郁葱；深秋落叶尽染，不愧为“满园尽带黄金甲”；落雪装点着红瓦白墙，纯洁静谧。来到世外，心志便有了安放之处；而置身其中的桃源人，永远是世外师生口口相传的最美景致。

在办学初期，社会大形势要求教育要有突破性的发展。而我们缺乏办学经验、师资队伍和硬件设施相对薄弱，用“十几个人，七八条枪”来形容毫不为过。彼时，世外的教师队伍由三部分组成：一部分是由外校调来的中年教师，多处不惑之年；一部分是正值退休、浸润传统教育的老教师；还有多半是初出茅庐的应届毕业生；而年富力强的骨干老师寥寥无几。面对来自现实的种种压力，映入我脑海中的想法是：尽快确立以“世界”冠名的外国语中学的教学原则，尽快办出属于“世外”的学校特色，尽快创出“世外”过硬品牌。为此，培养青年教师的任务刻不容缓，期望若干年后，这些从零起步的青年教师将成为世外的财富，世外也将视拥有如此多年轻力量为骄傲。在专家的指导下，汲取了方方面面的智慧，我主要做了这样几个方面的事情：

目光长远 求学实践

为了保证将课改精神落在实处，全面推进素质教育，首先要转变教师的观念，组织教师学习。学校把培养、提高青年教师的师德修养和教学能力放在师训工作的首位，组织世外各学科教师认真学习《面向二十一世纪中小学新课程方案和各学科教育改革行动纲领》，提高思想认识，改变传统的教育教学观念，开展课堂行动的教学研究。由于学生的在校学习活动主要发生在课堂内，培养他们的探究精神就应主要体现在日常的教学中。因此，教师在课堂教学中注意将学科类研究性学习与拓展性、研究性课程相结合，发挥教师的主导作用和学生的主体作用，让学生成为学习的主人。教师必须以学生发展为本，重视调动学生的学习积极性，克服满堂灌，采用启发式，经常要求学生在课前、课后利用网络资源，查找资料，处理数据，以自编小报、调查报告、研究性小论文、学科整合研究报告等形式完成作业，达到培养自主性学习和拓展性思维能力的目标。

办学伊始，我便与席校长率领英语组的年轻人奔赴杭州外国语学校取经。杭外的三堂课，犹如一根导火线，点燃了青年教师无限迸发的热情与激情。课后，我们在西子湖畔的一家茶室进行头脑风暴，大家你一言我一语，交流令己铭心刻骨之处；谈自己要像杭外教师那样，不断捕捉自身的求知火花；论目前本体知识的缺失，必须在学科修养中努力提升自己。尽管窗外春雨阑珊，但室内谈兴正酣，从这节课引发的思考意犹未尽，教学改革的决心立下。

回校后，我们取长补短，定期举办青年教师教学评比、展示，提倡在课堂上运用现代教育技术，开设各类公开课、研究课和示范课，采用个人备课、集体研讨、说课、上课、专家评课等形式相结合，提高青年教师的教学水平。就这样，一批又一批“青年名师”走到了学校工作的第一线，自己的身手得以充分施展。

记得在2000年的冬天，我请了于漪等语文界名师来学校，专门辅导世外刚刚冒出来的很有潜力的五位语文新星褚佳逸、孙东帆、李莉、郑亚捷、沈强。当年，他们的年龄多在25—27岁，进校才一年至三年而已。我的想法很简单：让名师给这些小年青搭搭脉，看看这五位年轻教师的发展前途怎么样。

那天，我陪着于漪老师先听了褚佳逸的《秋诗鉴赏课》。整堂课，她选了许多阅读材料，借助内容及其形式，发挥了充分的想象力，还设计了一些游戏让学生自己去演、自己去做。课上完了，我看褚佳逸的心情不怎么好，表情也有点沮丧。她在我的耳边悄悄地说：“罗校长，这堂课我没上好。它不像一堂语文课，倒像一堂阅读课。课的主旨没有落在古诗词上，唐诗的意蕴也荡然无存。”我鼓励她说：“整堂课，你的教态落落大方，师生互动也很活跃，学生的情绪也很开心，这堂课还是很有创意的。”听了我的话，褚佳逸的情绪恢复了很多。下午，于漪老师对这节课做了点评：“褚佳逸老师的课，教态娴雅和悦，用的材料，旁征博引，很有趣味。褚老师在课堂上用的词句，生动而准确，华美而深刻，许多课堂用语富有诗意。作为一名只有25岁的青年教师，富有才情，很不容易。”听到于漪老师肯定的评价，我的内心也激动不已，是啊，作为名师，在这种场合，对年轻教师最大的关爱，就是多看到他们的长处，多说些激励的话，这对他们的锻炼成长，对他们人生的满怀自信，实在难以估量。

接着，我又陪着于漪老师听了孙东帆的一堂课《干将莫邪》，整节课情趣盎然，气氛热烈。我观察到，于老师听课时听得非常认真，记笔记时很是认真，脸上经常泛起会心的微笑。下课了，我看到于老师走进了学生的中间，与他们一起交流：“同学们，你们要好好学。你们有这样一位年轻而又有水平的好教师。”我听了，真比自己喝了蜜糖水还甜。下午，于漪老师在大会上也点评了孙东帆。我发现，凡是课上好的、富有创意的东西，于老师不吝其辞；而讲到值得商榷的地方，于老师其实是讲给与会的全体青年教师听的。她反复强调了三点：其一，现在的许多年轻老师，对文本的分析不是很地道，应当引起足够的重视；其二，在引导学生的阅读上，可以做得更实在一些；其三，作为外国语学校，世外愿意举办语文专场研讨会，其本身就是有益的探索。

慢慢回味着名师来到世外，他们给世外带来了什么？我想，其意义可能有二：一是名师给刚刚冒出来的语文新星，带来了认同感和自信力，这对他们今后的成长，非同小可。二是这些大师平易近人，待人真诚，做学问时又是精益求精、锲而不舍，他们以自己的人格魅力和学术魅力，熏陶人、感染人，激励着年轻教师不断地攀登为人、为事的高峰。

牵线搭桥　尊师重道

借助自己多年积累的人脉资源，我诚邀上海市、区一流的教育教学专家、学科带头人组成世外的智慧顾问团，不定期来校进行听课、讲座，分析学情动态。以英语学科为例，市教研室的朱浦、杨顺德、沃振华老师，上海师资培训中心的顾立宁老师，上外附中的老校长刘葆宏老师等都是世外的老朋友。他们作为从事教育多年的行家，从宏观和微观等两个方面，对指导学校外语教学的总体规划，提高国内外语教学的现状和发展趋势，培训本校师资的教学水平和改进教学方法，起到了不可估量的作用。

记得当年组内的姜志毅老师正在摩拳擦掌地准备上海市青年老师教学大奖赛，朱浦、沃振华、顾立宁等顾问团的专家不辞辛劳，一遍又一遍地给予细致有效的指导。在对试讲进行全程摄像的基础上，几位专家重点根据自身独特的造诣和研究，把四十分钟的课堂分为几个部分，帮助姜志毅逐字逐句，按照 P&P 理念，耐心推敲每一处细节，不放过一点疑问。台下的反复试炼成就了比赛的精彩表现，可以说，这一次的备课经历成了姜志毅教学生涯的重要转折点。此后的她不负众望，接二连三地参与全国优质课录像，为全国骨干高中校长研修班开课，举行市区级的竞赛课等，每每收获颇丰。许多外校的同仁们，一听到姜志毅的名字会说：噢，我知道，她可不简单……专家顾问们的耐心指导，不仅使姜志毅在外语教学理念、方法上大有改进，更是培养了她虚心好学，对专业精益求精的精神。

多年来，世外国家课程学习已从 7 个班级增至 40 余个班级，教学人员逐年以较大幅度增加。现已组建了语文、数学、英语、综合文科、综合理科、信息科技、艺术体育、双语、二外等九大教研组。每个教研组均由老中青各教龄段结合其中，教研组长由业务水平高、有经验的中青年骨干教师担任。此外，为了尽快提高青年教师的教学水平，学校特别注重定期开展教研组、备课组活动，发挥同学科内同伴互助的作用。2010 年，顾佳敏是信息组最年轻的教师，作为教研组长及带教师傅的卢文来很严厉，要求他每次上完课，都要作课后反思报告。顾佳敏刚开始写课后反思，不知道怎样动笔才好。反思的基本上是对流程的描述，结构简单，内容单一，经常出现的词句是“首先……，其次……，然后……”。卢文来对此不甚满意。经过一段时间，顾佳敏参加了许多次教研活动，听课评课的能力不断增强，他写的反思报告，能有所归纳、有所提炼，也能针对一些教学环节提出自己的看法，报告的结构也比较清晰，师傅卢文来脸上逐渐出现了肯定的笑容。又经过整整一年的锻炼，再加上师傅的悉心指导，顾佳敏写的反思报告有了明显进步：不单注重教学环节，还注重课堂教学整体，并学会用先整体后局部的方法来评价自己的课堂，形成了一本厚厚的自我《反思集》，并以此改进教学实践，师傅终于笑逐颜开。

此外，教导处每半个月召开一次教研组长会议，商讨、分析教学现状，提出要求。近年来，学校更是经常邀请在市、区有较高知名度的、各学科特级教师、教研员，组织举办在市、区乃至国内有一定影响的教学研讨会，如语文教学研讨会、英语教学研讨会、计算机与学科整合教学研讨会等。这些都为教学研究的进一步深入和提高起到了推动和促进作用。值得一提的是，面临当今社会快速发展、与国际接轨的现实，小语种教学虽然已经初步获得部分学校及社会认同并逐渐被重视，但在大多数情况下，第二外语教师常常处于孤立无助的状态，教师们对于“教什么”和“怎么教”这两个问题迫切需要教研氛围和必要的指导。基于这样的情况，在 2010 年 3 月到 4 月，我以徐汇区教育学会副会长、世外中学常务副董事长的身份向徐汇区教育学会提出举办第二届“世外杯”——中学小语种（德语）教学研讨系列活动的倡议，希望为我们的德语教师提供更多提升自己教学水平的平台，多培养一些掌握多种出色语言能力的国际化人才，这也是我发起并组织“世外杯”中学小语种（德语）教学研讨系列活动的初衷。这个倡议立刻得到教育学会会长的赞同。于是我邀请了德国驻沪领事馆文化教育处、市教委教研室和我们一起，共同组成了本届“世外杯”的主办单位、指导单位和承办单位，并由三方代表组成了筹备小组。该活动先后共举办了六次筹备会，每次筹备会都由我亲自主持，分别由三方的代表参加。在筹划过程中，我作为主办单位的代表，决定以理论与实践相结合、全员互动的形式，就上述问题给予德语教师具体、实在的培训，为他们的专业发展和施展才华、进行交流搭建平台。

知人善用　勇挑重担

建校初期，学校的生源有限，可用经费相当拮据，每当想到“教师的眼界和视野，决定着课堂的高度和质量，倘若不安排他们出国进修、学习交流，那么所谓的眼界、视野从何而来？”便让我焦急不已。为此，我寻觅一切机会——向市、区教育局领导争取出国名额，恳请外国驻沪领馆提供访问机会，与欧美学校积极建立姐妹校等，目的都是为了在加强国际间的文化、教育交流中，提高学校的教学水平，扩大师生的沟通交流，增强世外的国际意识。

建校后不久，英语组的朱萍老师有幸成为世外第一位前往美国进行学习交流的老师。留学一年后的她发生了不小的变化：不仅英语口语更加纯正，视野更加开阔，她的独立处事能力、思考问题、执行能力等亦更强了。2003 年，朱萍又陪同我出访美国哈克学校(Harker School)，商谈建立姐妹校事宜。在与美国同行交谈的过程中，我们不约而同地发现由于美方对中国缺乏了解，因而对于开展两校学生的交流缺乏信任基础。于是，在他们校领导和学生第一次来世外访问时，朱萍作为世外接待外事的主要负责人，在完成例行的教学任务之余，尽心尽力地安排好每一个细节，从制定方案到每天活动，使他们初访圆满成功，得到了美国校长和家长的满意和赞赏，从而有效地建立了他们对我校、对中国的信任。朱萍的精彩表现，越发坚定了我派出一批又一批教师出国学习进修的决心。在 20 年前的上海，这样敢为人先、放眼世界的学校，少之又少。

墙外开花墙里香，学校每学年坚持组织青年教师教育教学评比活动，并鼓励青年教师参加区以上的教育大赛。在“百花杯——世外教学技能大赛”、“桃李杯——世外班主任技能大赛”、“新秀奖——世外2—3年青年教师教学评比”等各级各类比赛过程中，各教研组组织互相听课，共同研究教法，讨论教案，试讲，说课，以此来改进教学方法和手段，进一步提高教学质量。以世外特色学科英语组为例，英语教研组始终重视一次次公开评比的机会，视每节展示课、研讨课和比赛课为绝佳的研修机会。世外英语组从2009学年开始至2015年7月，已参加国家级、市级和区级公开展示课70多节，学校为青年骨干教师搭建舞台，给青年教师压担子，提倡青年教师在课堂上开展适用的现代教学技术，让每一位有机会参加展示的教师，通过磨课，经历跌打摸爬，提高整个团队的教学理念和能力，从而打造成一支“善思”、“善学”、“重合作”的具有极强凝聚力的队伍。凡是参加全国、市级、区级各种公开课、研究课、示范课的教师，都会经历到“一研、二思、三磨”。这是每次有教师参加公开展示课时，整个英语组团队会做的三个方面的工作。一研：会研读教学专家和专家讲座，研读教学文本；二思：教学专著解读，博客心得交流，文本教学设计；三磨：备课组磨课、教研组磨课、学科基地磨课（试讲、讨论、反思、改进）。英语组对公开教学展示课从来都是极认真的，坚持用最朴实的办法，下最大的功夫，求得最扎实的进步。

严慈相济　关爱成长

教了几十年书，办了几十年学校，我深知，一所学校的质量，本质上是由它的师资质量决定的。而一所学校受欢迎的教师越多，这所学校的质量一定好。基于这一朴素的想法，我对一起共事的老师们充满了鼓励和期待——只要他们有一点特长和突出表现，我就会在大小会议上将其发扬光大；哪怕他们在工作上存在一点困惑，我都愿意及时和他们促膝谈心。不仅如此，针对原则性很强的问题，我也一针见血地指明症结缘由，用客观、理性的分析化解误会所在。

那年，信息组的朱萍老师刚任校办主任不久，有一次我走过学校会议室，发现里面每张桌子上精心点缀着一些鲜花花瓣。我赶紧叫来了朱萍，问："你看过总务处布置的会场吗?"她表示还没看，我接着道"你怎么可以不看呢? 如真没看过的话，你怎么知道合格了?"在她略显犹豫之际，我直言："放花瓣也是一种浪费，没有必要的。"许是我的言语直白了，朱萍一下子忍不住流泪道："是我的失误，我应该提前去看一下的。"从这件事后，我发现朱萍更加注意细节，针对学校的场景布置，或要求拍张照片检查，或现场一通电话，时时要跑在队伍的最前列，让学校接待工作有条不紊地进行。我想，作为一校之长，应该关心每一位教师，尤其是青年教师，把他们看作自己的亲朋好友——尽可能地为教师创造实践和发展的条件，对他们提出的"特殊要求"要重视有加，但对他们的爱也应该是有深度的——对待学习、工作要一丝不苟，敢于直率地提出批评意见，目的是推动教师的自我发展和完善。

旧的人走了，新的人又来了。正是由于这些青年教师的刻苦努力，迅速改变了一些家长原先对"小辫子"老师的不信任，转而吐露了发自内心的赞扬。就在最近，一份给六年级家长的问卷调查中，一位母亲这样写道：

微信朋友圈内有这么一个问题，一所怎么样的学校可以让孩子天不亮就想上学，天黑还不想回家? 我很惊讶地发现，我家孩子到世外来就是这种状态，和小伙伴和老师的关系就是这样。世外学生天真快乐、不世故，保持着那份孩童的纯真。我从不觉得在这里的压力会比在其他学校小，可世外老师们能在素质教育和应试教育之间找到一个特别平衡点，让孩子在应试教育压力下还能享受到素质教育的快乐，这都让我无比感慨……

提携干部　勇往直前

在所有对初入职场状态的描述中，我感觉最形象的，是一位北大校友的说法：工作之前，路是黑的，只有前方亮着一盏灯，于是你只能坚定地朝那个方向走；而到了单位后，周围忽然变得多彩了，很多条路摆在面前，你反而不知该往哪儿走。而一旦走进世外，这种不确定感一定会荡然无存。

作为一名刚踏入学校不久的外地留沪毕业生，厉笑影曾存在不少的顾虑：没有住房、远离父母、工作环境极为陌生等，所有这些都令人难以抉择，是否要坚持留校工作成了她的困扰。就在她举棋不定之际，得知情况后的我率先安排学校多部门，帮助她及其他有类似困难的老师们。人事处负责打听房源，落实住处；工会为新教师宿舍添置煤气灶，安装铁门；年级组组长代表大家送去实用的家具与小电器等等。

20 年来，世外包容着各种各样的学生，更接纳了各显身手的老师——他们可能为了学生的一句猜测，在实验室里度过一个又一个枯燥的日子；也可能为了自己喜爱的课本剧，对着镜子一遍又一遍地练习。世外的教师团队不是外界认为的、全然功利化的一代，在一年又一年的毕业典礼上，桃源学子总是将最热烈、最持久的掌声献给一位位相知相伴的普通任课老师。每当这时，坐在现场的我总是热泪盈眶——因为心里知道，怎样的教师是我们这个学校需要的人才，什么特点的教师具有真正影响改革教育的力量。当一批批新老师逐渐成长为世外顶梁柱时，我们渐渐发现，盲目地跟着别人走不是世外人的风格。师生之中顶尖优秀的，往往是那些从一开始就认定目标，然后义无反顾坚持下去的人。可见，在众多的小路中，总有一条是属于你的，重要的是你要早一点知道它通往哪里。

学校不仅对新教师的教学能力给予高度的重视，而且对他们的管理培养也日渐加强。就拿陈勇早年的成长经历来说，为了帮助青年教师开拓更深层次的学校工作，使世外的信息化发展有先进的理论作指导、有丰富的实践经验得以借鉴，在区教育局的鼓励之下，世外连续 7 年（4—9 月包括整个暑假）派遣陈勇参与招生工作，发挥其信息技术的特长。在招办的实际工作中，他和许多刚上任的青年人一样，不可避免地遇到了一些困难，产生了不少的困惑：以什么方式突破技术的瓶颈；怎样形成科技团队的凝聚力；如何在接待家长、考生时学会耐心倾听、换位思考、热情为他们服务等。在这期间，我常常与陈勇互通有无，深入细致地为他提供一些可借鉴的处事方法，并且较为全面地介绍学校的教学状况，以便他招办和学校工作两不误。2004 年，陈勇经过多年在区招办的锤炼，更接近于一名严谨务实、才思敏捷的成熟教师了。我想，这份学习、实践的宝贵经历对于他而言，是一笔值得珍藏的精神财富。

现分管德育的副校长、康外实中的常务副校长赵蕾在刚入校时，就已经显现出富有修养的一面了。与同龄青年教师相比，她比较认真、恬淡，没有课的时候，总是一个人坐在办公室里阅读、思考。随着业务水平的不断提高，学校推荐她代表世外参加“中青年生物教师研修班”，这使得热爱读书的她又有了一个深入学习的机会。因为她喜欢思考，又来自教育教学第一线，每次活动她都是参与、实践的主力。赵蕾不仅与一起培训的老师们学习探讨教育基础理论，特别是素质教育、教育模式的剖析；还紧紧围绕生物课的教学重难点，进行深入浅出的调查研究。在研修班期间，她和老师们互相听课、评课，并且在导师的严格指导下，撰写了结业论文。我清楚地记得论文的结语处，是她手写的一段古典主义诗歌节选——“对诸神要热爱，对世人要心怀善意！若是大师使你们怯步，不妨请教大自然。”赵蕾如热爱风景的抒情诗人走进了宇宙的神殿，风景吹入了大自然，自我也浸润了教学。

20 年中，我不断探索属于世外的办学机制，它应当既尊重教育的发展规律，符合时代要求，同时还必须结合世外的校情，以人为本。要成为一所有生命力的学校，世外就必须在学校机制上有思考、有实践，就必须重视对教师的培养、重视领导干部在学校发展中所起的作用、重视如何将办学成果转化为推动学校发展的助力。

每当新学期来临，又有一批初出茅庐的新教师步入这片桃源，看着他们抱着书本、面带笑意的样子，我想，青年一代会在这里迎来人生中最美好的一段日子，会在世外的人才培养机制中收获成长、收获进步。因为在世外，每个人都可以自觉地把握自己的人生。

三、成立教育研发中心

德国社会学家卡尔·曼海姆认为，理想可以塑造现实，可以重铸历史，对人类社会发展具有实际影响。可见，与时俱进的知识分子应保留一点富有创造力的火星和点燃内心的批判精神，在理想与现实之间保持某种张力。回顾一代代世外人的成长，正是大家“在理想与现实之间保持的某种张力”，对我们今天讨论教育教学发展的问题仍有极好的借鉴。面对格局开阔、见识长远的世外，与其说它

2014 年，研发中心听取语文备课组交流

条件好，不如赞其气度佳，因为桃源就是一片郁郁葱葱的沃土，博大而有生命力。

2014 年，研发中心参与听课

眼见一年又一年的世外人乐于为学校的发展建设献计献策，学校举办的每次大型活动，下达的对外接待、招生、监考、教育等任务，人事安排的变动，校内开展的教科研和教学评比等，这些流动在学校的新鲜血液从不推却，个个积极响应、乐意接受和踊跃参加，形成了友好竞争、团结协作、和谐切磋的工作氛围；对待工作中的不同意见，同事们或心平气和地坦诚相见，或宽宏大度地理解宽容，让人感到在世外学习与工作充满了发展的条件和空间。

看到这些年轻人的时候我时常在想，自己走上当教师这条路最开始或许确有因缘巧合，但是冥冥之中又是那么适合，并非每一个职业都能以见证成长为喜悦感动，作为一名老教师，我有幸看到无数孩子在教育中自信成长；作为一名校长，我又如此幸运地见证了那么多年轻人在世外开始他们的教师生涯，用自己的光和热去感染学生，每每想及此处，总是无限动容与感慨。对于教育工作者来说，我们需要以开放的心态和更加开阔的视野来适应时代的发展。我们是教育的实践者，也是教育的研究者，做研究性的智慧教师是时代的要求，也是教师专业化发展的需要。

基于为中小学教育改革作探索以及建设“百年名校”的教育理想，2013 年 3 月，在董事长王均金的关心之下，世外成立了教育研发中心。研发中心的工作重点之一在于创新机制建设，引进消化、吸收创新，总结世外中小学课程建设的经验与成功做法，积极探索教育国际化本土实践的策略与途径；工作重点之二在于研发中心还需要根据学校课程实践的实际情况以及培养具有中国特点世界眼光的中小学生的学校培养目标，制定具有前瞻性创新性的多元课程体系以及实施规划，梳理出具有鲜明世外特色的学科课程建设与实施方案，总结成果，为百年名校提供机制保障。

世外中学教育研发中心主要分为管理研发中心与课程发展中心，董事长亲自担任研发中心的主任，我作为校董、担任常务副主任，此外还聘请了王厥轩、朱建华、席时亨等教育教学界的专家学者担任顾问。崇尚"参与、实践"的桃源，精英荟萃、人才济济，是"爱心、优雅、大气"的风格，养成的是这样的观念和评价标准：与功业相比，人格更值得夸耀，在世外人眼中，有个性、有趣味、有教养，似乎远比有学业成就更值得为人所称道。因此，研发中心的目标与做法容纳了世外人对育人理念的追求，容纳了二十年来世外对教育教学的民主讨论，同时也展现了不断进取的壮志宏图。

成立两年多来，研发中心在校内搭建了各教研组"回顾与展望"的平台；走出世外，参访了市北、七宝、静教院附中等名校；与此同时，徐俭、陈勇等校级干部在中心活动中的主题发言，为研发过程中的亮点及接下来研发中需要重视、改进之处做了细致的剖析。每一次中心成员的思考、讨论、分享，各位资深顾问提纲挈领的发言，都让研发中心上下对其工作中的高位引领作用不断明确、加以巩固。

梳理回顾展望

由研发中心启动"回顾展望"系列活动，旨在回顾世外办学以来的做法、体会，梳理其与培养目标的达成度，引导更多青年教师了解世外、感受世外。由于教研组内的齐心协力，世外两大强势学科——英语组、信息组的“回顾与展望”发言得到了很好的反响，拉开了世外中学“回顾过去，展望未来”的序幕。2013 年上旬，在信息组、英语组面向全体教职工交流时，前者更多侧重教学框架的整合，后者则以时间为单位，涉及课程、队伍、特色的建设与发展。这种自上而下、要求各教研组全体成员一同参与的整理回顾，请教师将自己日常教育、教学过程中的思考进行总结，并对自身任教学科的教学价值及体系开展进一步深入思考。

2014 年 9 月开学后，语文教研组、综合理科教研组、艺术体育组、综合文科组、数学教研组、第二外语教研组等作为学科代表，德育部门、国际融合课程部门等作为行政代表，先后对研发中心及全体教职员工进行了“回顾与展望”汇报。其中，语文组率先以“走过的曾经”、“践行的现在”、“期待的未来”播撒世外的“语文味儿”；数学组的发展经历从无到有、从有到优，凝聚了所有学科老师的心血，符合学校“以人为本”的发展理念……我和研发中心的所有成员在认真聆听所有组室进行汇报的基础上，继续展开头脑风暴，就“回顾与展望”的效果提炼提出见解、展望将来。

首先，教研组建设应围绕学校的育人目标。“走向世界的现代中国人”，要求各学科针对自身特点进行有特色的架构与实施。在教研组建设的过程中，我特别强调教师个人的反思，从一课一反思逐步尝试转变成为以项目、单元等教授后进行序列性反思。用整体性的思考来构建学科的建设，对于学科下阶段的改革与发展，甚至是对于其他学科也有一定的建设意义。

其次，国家课程的校本化实施是“回顾”的基础。学科课程框架的建设有助于提高教师的学科整体观，从而提升教师的学科能力与素养。因此，各学科思想、学科方法、学科价值有待各学科在反思经验的基础上进一步挖掘，突出让学生喜欢、让老师进步又适应社会需求的做法。

此外，国家课程和国际课程的融合实施是“展望”的一部分。课程研发的落脚点始终在于学生，进一步梳理四年教学中分年段循序渐进的框架时，我们可以试着将国际课程中的部分教学理念本土化，让“回顾与展望”的线索更加明晰。

我和我的团队感到，教育研发重在凝聚教育的共识，从回顾学科建设历史到期盼学科未来发展，不仅让更多青年教师了解教研组的发展，更增强了所有组员的归属感，以世外人的故事表达对学校办学过程的基本认识，以世外人的实践来体验办学的规律和对教育理想的追求。

借鉴他山之石

从春风拂面到秋意渐浓，教育研发中心踏实进取的学习脚步从未停止。通过建校初学习上外附中英语组的先进做法、在杭州的两次头脑风暴，以及近期参访七宝、市北、静教院等学校后，研发中心成员认识到教师团队的建设、青年教师的培养、文理学科的兼容都是宝贵的经验，可对校内的工作开展提供切实有效的帮助。

教育研发中心奔赴各地的初衷就是在目前“回顾与展望”的过程中认识到：世外亟待开阔教育视野，学习兄弟学校先进、成熟的办学经验，借他山之石，攻世外之玉。一个又一个生动的事例串起了这些名校参访经历，我们在轻松愉悦的研讨氛围中启发思考——

拥有大量年轻教师的世外中学，是否也能组成具有世外特色的学友团？世外中学拥有的班级类型日趋多样，让各学科教师针对不同类型的班级管理进行交流，总结有效的经验、方法是不是同样可行？青年教师间的教学研讨和学科研究的形式如何做到多样互通？

为了提高教学的有效性，世外的上课规律必然要探索人的认知规律；世外的人文管理也要遵循“以点带面”、“循序渐进”与“差异发展”，以证据支持教育科研，更好地增强全体教师的文化认同。

对于走遍世界、四散天涯的世外人来说，在桃源度过的时光，以及当年领受的师长教诲、收获的同窗友情，激荡的思想、飞扬的青春……种种感情和回忆，历经岁月的磨洗，得以沉淀和升华，终会留下珍贵闪光的那一部分，深入骨髓，化为个人的情怀。这种情怀，具有深厚而宽广的品质，最是需要研发中心等富有教育理想的世外接班人寻之、探之、记之。

交流分享心得

在逐步完成各学科的“回顾”后，研发中心更多着眼于对未来的“展望”，将学科活动课程化、德育活动的课程体系整合成一个全校性的课程体系。徐俭的“世外新五年”解读和陈勇的“澳洲培训分享会”，不约而同地指向“百年世外”的目标，将世外研发中心高位引领的作用加以明确、提升。

在徐俭的汇报中，下一个五年，世外将继续走“一、二、三、四”的路线，即：继承一个理念（坚持 P&P，与时俱进），实现两个目标（长期的办学目标：办百年名校；中期目标：在建校三十年时成为一流的国际名校，近五年的目标是办成特色鲜明、中外融合，具有时代性的国际化名校），加强三个策略（队伍建设、课程建设与信息校园建设），参与四个创新（课程的融合、高端人才的创新、资源平台的建设及绩效的落实）。

随之而来的陈勇培训分享中，强调了澳洲学校的基本特征，如：以人为本（每个学生都能得到适合的教育），特色多样（各类学校在严格遵守国家意志、政府需求的前提下，多样发展，特色鲜明），公私并存（私立拥有充分的自主权），科技引领学校未来（如：各校配备先进的3D打印机），社会资源强力支撑（学校提供社会资源，帮助特长生的发展），基于未来设计学校（所有空间让学生提早融入高校氛围），身心健康、尊重本土文化（所有学校都有土著文化的传承发展）。

聆听两场汇报后，研发中心成员纷纷表示要结合世外的中长期发展目标，总体符合学校未来的发展规划，在聆听的基础上进一步集思广益，让世外的新目标、新定位实施起来更具操作性。

总结明确定位

目前，在各位专家顾问的建议下，我们就以下突破口达成一致。

在师资建设中，首先要明确怎样的人是世外的培养目标，只有进一步关注非智力因素，才能培养全面的、有个性的、有自己特长的学生。而在“新五年规划”中最重要的是课程建设。研发中心的下一步工作，确定相对时间内的顶层执行方向。为此，每一次研发都要把学校的未来发展融入其中，借鉴已有的优秀成果，发展为整体强大的体系。世外要进一步学习境内外各课程方案的设置，并根据学校的特点落实推进，最终形成以“回顾与展望”专集为主的研发综述报告。

此外，介于区域的差异、学情的不同，我们不能完全照搬其他优质学校的现有做法，而要指向明确地往世外人文的大方向靠拢；今后的五年也不能仅仅“满足”学生的发展，而要起到真正的“引导”领衔作用。领先一步思考学校的建设重点是什么，哪些内容是需要突破的，生成了哪些新问题，汲取了怎样的经验等，并且继续以自己的学习建议“参与实践、合作创新”，突出世外工作重点，创建学校特色，联系整理培养目标，提升科研水平，强化科研力度，发挥党总支的力量，加强学校凝聚力工程。

目前，世外的研发中心已成立教育教学的多元小组，各小组对应有相辅相成的目标，充分考虑自身学科领域在全球、全国、上海和本校的位置作用，并且对已有项目和成绩进行评估，在此基础上寻找目标和方向，为世外新一轮的方向与途径做了细致的梳理，向区、市、全国等更大范围，争取更进一步的辐射发展。从研发中心的规划到具体的实施，整个过程公开、透明，既有回顾反思，又有未来展望，保证了有成果、有整理、可操作、可传承的世外校本研发机制的形成与实施。

如果把生活在世外比作一场美妙的旅行（确实如此，沿途永远有活力的面孔、新鲜的风景），那么，正因为一路邂逅这么多蓬勃向上的世外人，在踏上漫长的、注定会带给我喜悦悲辛的旅程时，才不致让人迷惘或进退失据。多年以后，从岁月深处蓦然回望，桃源还是特有的样子：温馨的琐事人情，柔软的心灵归宿。

附录

廿载桃源情　静待明日星

席时亨

我和罗佩明校长是很有缘分的。

第一次见罗校长，记得是在90年代初，上海教育电视台搞了一次外语评比活动，我被谢家骝台长请去当评委。那天活动干了些什么已经记不清了，但那位穿着带有紫色碎花连衣裙、优雅大气的女士，却记得很清楚。她就是罗佩明校长。

第二次见面，是在重庆北路紫华大楼罗校长的家里。说起这件事，先把话说开去。记得是1995年年底徐汇区教育局领导突然找我谈，要我到世界外国语学校去工作。从80年代初，我在徐汇区教育学院工作已有15年，先后担任培训部教师、高中英语教研员，1995年初，院里安排我担任培训部副主任。领导突然提出要我去学校，且是一所公立转制学校担任管理工作，分管该校的中学部，对于从未有过学校管理经验的我来说，确是件难事。到了1996年4月，李骏修局长找我谈话，告诉我局里打算把世界外国语学校分成小学和中学两所连贯而不一贯的学校。为使我宽心，李局长告诉我，他要去德国，为即将成立的新学校聘请全市著名的、原上海外国语学校校长罗佩明来担任校长。听了李局长的一番话，困扰我心头的担忧一下子烟消云散！现在回想起来，世外中学有今天，首先要感谢徐汇区区委、区政府和区教育局领导们的高瞻远瞩，为学校聘请了能运筹帷幄的帅才，为世外中学能健康、成功地发展打下扎实的基础。

1996 年暑假，我在桂林西街 57 号忙着改建校舍，准备迎接世界外国语中学的成立。有一天区教育局通知我，罗佩明校长已从德国回来，即将来校主持工作。听到这一消息，我马上与罗校长电话联系，也没有来得及换上出客衣服，就赶到她家去汇报工作。第二次见面给我留下的印象就是罗佩明校长一丝不苟、严谨的工作作风。她认真地记录我讲述的校舍修缮、师资队伍建设、学生现状等情况，不时提问、思考，虽然只有一个多小时的时间，她的工作效率之高，令人钦佩。

从 1996 年 8 月到 2005 年 12 月，作为罗佩明校长的副手，整整十年，我们一起经历了开创的艰辛："五年立校"和"十年成名"。许多人都会问，"世外中学为什么能在短短的十年中取得如此的发展和进步？"这个问题，我一直在考虑，大概可以从两个方面来回答：一是区领导正确的决策。二是一个好校长才能造就一所好学校。

90 年代初，教育改革的大潮方兴未艾。一期课改的启动，民办学校开始建立，教育国际化肇始，徐汇区教育局在区委、区府的领导支持下，把握方向，寻找切入口，敏锐地提出在上海的西南地区创办一所类似上海外国语学校那样以外语教学为特色的公立转制学校。世界外国语学校就这样应运而生。随着年级的扩大，要更好地适应小学和初中两个不同年段的教学要求，又将学校分为世界外国语小学和世界外国语中学这样两个连贯又不一贯的实体。区教育局对世外中学的支持是全方位的。首先是为学校指明办学方向，即在上海西南地区创办一所有外语特色的公立转制学校。它含两层含义：其一，借用民办学校办学的体制优势，在各方面给予学校相当的办学自主权。其二，是办成一所真正有外语特色，并能在区域内进行辐射的外国语学校。我记得李骏修局长曾讲过，办一所升学率高的学校在上海可以抓一把，但是办成一所真正有特色的学校就不容易。罗佩明校长在世外中学20年办学的实践充分证明了她是身体力行，以自己的感悟、理念，创造性地完成了徐汇区区委、区府和教育局交给她的这项光荣和艰巨的任务。

一个好校长才能造就一所好学校。我与罗佩明校长共事了十多年。回想世外中学初开办的时候，只有由小学改建的校舍，没有完整的中学办学条件，师资力量也比较薄弱，许多家长对学校不信任，困难重重。但是，为什么世外20年后能在上海声名鹊起，罗校长起了很大的作用，她就是学校的定海神针。世外中学的成长、发展和前进的过程充分证明了这一点。我想就罗校长的办学特点谈几点体会：

第一，理念先行。它是罗校长办好世外中学的第一个法宝。办出外语特色，创建世外品牌，是罗校长到世外工作的目标。怎样在短时间内初步实现这一目标？我最大的体会是她始终把理念放在首位，身体力行，不断总结，不断完善。办学伊始，罗校长就提出“团结、奋进、务实、创新”八字校训，明确了办学方向。在第一届英语节前，罗校长综合专家、领导班子讨论的意见，又提出“P&P”（积极参与，努力实践）外语教学的原则，这项教学原则经过不断的实践和内涵充实，上升为世外中学的办学理念。罗校长经过大量调查研究，学习有关教育方针政策，结合学校教育、教学要求，她又提出“六十四字”的世外学生培养目标，为世外学生德、智、体、美、劳全面发展规划了具体、实在的要求。

五周年校庆前后，罗校长为创建世外中学独特的校园文化，归纳总结“五大精神”，即“奋发有为的进取精神”、“脚踏实地的求实精神”、“不断探索的创新精神”、“齐心协力的团队精神”、“亲如一家的友爱精神”,“五大精神”成为指导世外全体教职工和学生共同遵循的精神支柱。然后，罗校长又在世外建校十周年前，把世外人的精神风貌、文化底蕴、文化修养浓缩成“爱心、优雅、大气”六字箴言，成为世外全体师生努力追求的精神目标。世外的成长是与罗校长不断总结、发展和坚持的世外办学理念分不开的。这是世外中学不断进步、发展的坚实基础。

第二，执著坚持。它是罗校长办好世外中学的一贯精神。罗校长是学德语的，是德语特级教师。朋友们常戏说罗校长身上的执著和坚持是与严谨的日耳曼语言有关。罗校长做任何事都讲究过程，追求结果，始终一丝不苟、精益求精、锲而不舍，容不得一点马虎、拖延、懈怠。我作为罗校长的副手在这方面深有体会。譬如，1997年年末起开始筹建浦北路380号新校区，我与基建站不知协调多少次，建造方案一改再改，设计单位一换再换，罗校长坚持在不规则的地块上设计、建造出能符合外国语学校大气、优雅、合理、舒适的校区。她还不止一次请建筑界的专家、学者建议、论证。最后，由同济大学李国豪事务所汤博士设计了符合要求的校舍。罗校长不光在大局把握上执著坚持，在装潢、环境上也处处追求极致。罗校长和我们一次次去装潢市场、工厂，挑选防滑地砖、亚光墙砖，从价格、质量、颜色诸方面都仔细研究、对比，力争完美、合理、节约。她还请上大美院汪大伟院长设计门厅的陶质浮雕和大楼前的不锈钢雕塑。这些作品充分体现世外中学“走向世界，走向未来”的校园文化精神，浦北路380号成为曾在那里工作和学习过的师生员工永远不会忘却的记忆。

第三，好学分享。它是罗佩明校长办好世外中学的一贯作风。罗校长在上海普教界是一名资深的校长，在外语教学界是著名的专家，应该说她办世外一定是驾轻就熟，行家里手。但是，罗校长一到世外，不是立马发布规划，而是虚心好学、了解情况，争取各方帮助和支持。

罗校长运用自己的人脉，争取到了市、区领导和区教育局领导的支持，她多次邀请周慕尧副市长、钱景林书记、姜斯宪区长、黄承海主任，以及市教委张民生、夏秀蓉两位副主任等来校视察、指导。市、区级领导在学校开办初期不止一次地来校指导，参加学校大型活动和研讨，不断地了解学校发展的情况，肯定成绩，指出方向，为这个刚成立的新学校带来不断的肯定、鼓励和鞭策，帮助了世外中学在短短的几年中健康地发展。罗校长刚来世外，对徐汇区教育界不熟，她对我说要多介绍朋友。罗校长和我在教育局参加会议，总是坐在前面的一二排，认真地听取局领导的报告，与兄弟学校领导交流，如当时五十四中学蔡武冈校长、南模中学钱耀邦校长、市四中学张辰校长等，互相交流、共同切磋，学习兄弟校的先进办学经验。开办初期，罗校长多次带领班子走访如大同中学、浦东模范中学等学校，学习他们在规章制度建设、师资队伍建设、德育教育等方面的先进经验，把他们的经验带到世外，帮助了开办初的各项工作有条不紊地开展。

罗校长为了我校青年教师能更快地成长，特别邀请上海著名教学专家，如于漪、吴小仲、方仁工、陈钟樑、刘葆宏、高润华、黄静华、王懋功等专家来校做讲座，听课、参加教研组活动，学校青年教师在教研、教学、科研等方面得到全市一流专家的指导，业务上得到飞速成长。

罗校长自己在外语教学上是行家里手，有丰富的外国语学校办学经验，但怎样在最短的时间内形成世外外语教学特色，她始终坚持集思广益、听取外语专家的意见。世外开办伊始，罗校长就聘请了市教研员和师资培训中心的沃振华、朱浦、杨顺德、顾立宁以及后来的汤青、赵尚华，上师大外国语学院院长顾大禧、副院长杜俭等组成世外外语教学顾问团。罗校长请他们在《世外中学英语教学大纲》、教材的确立、教学形式、教学原则、师资队伍建设、因材施教、课外活动、竞赛组织等方面进行研究，组织多次的深入研讨，使开办初期的世外外语教学逐渐走上正轨，世外注重语言能力培养，丰富课堂教学形式，打造课外活动品牌等效果逐渐显现，很快得到社会的肯定与赞扬。如果没有罗佩明校长虚心听取专家意见、执著坚持，就不可能在这么短的时间内取得如此成效。罗校长每隔一段时间和我商量，看学校在外语特色形成中还有什么不足需要改进。她从不满足已取得的成绩，始终在发展中不断地提出新的目标和任务，如我校的“双语教学研讨会”，“多语教学”，英语骨干教师的培养和梯队建设，学生多层次、全方位的外语课外活动的形成，都凝聚着罗校长的心血。

分享，有时是不容易做到的，只有慷慨大度，才能分享。自己好是一个人好；众人好，才是大家好。“一花独放不是春”，这是罗校长经常说的，她也是这样做的。世外中学在外语特色形成中，十分注重课堂教学方法的改革和研究。尤其是“功能法”的实践和研究，改变了课堂内过于重视语言知识而忽视语言能力修养的弊端，学生的外语运用能力得到很好的培养。同时通过教法研究和改革，逐步培养出一批优秀的外语教师，在全国、市、区教学评比和能力展示上屡屡获奖，构建了一支合理的梯队和一个优秀的集体。是让这些成果束之高阁，自我欣赏，还是敞开大门，与同行们共同提高？罗校长选择的是后者。罗校长曾兼任徐汇区教育学会副会长，她主动请缨，在市教研室和上海市中小学外语教学学会的支持下，以一校之力举办“世外杯”，并坚持每年一届，融入新主题、新思想，至今已举办了七届，涵盖英语课堂教学、德语、学生英语戏剧小品，英语课堂教学设计，英语教师语言技能等方面，成为徐汇区外语界共同学习、共同研讨、共同促进、共同分享的大舞台。既能使世外的外语特色在区域内辐射，世外外语教师也能从兄弟学校的外语教师身上学到宝贵的经验。分享就是成功！

在搭班共事的十年里，我在她的带领下，从对教学行政工作一无所知，到逐步走上行政管理的道路，不断成长，取得进步；经历了世外中学创办时的困难和艰辛，也感受了“五年立校”，“十年成名”的喜悦。我在退休前的这个十年能与罗佩明校长共事，经历了世界外国语中学从丑小鸭到美丽天鹅的十年蜕变过程，这是我从教生涯中最值得回忆的十年！在我的眼中，罗佩明校长是多彩的人，爱心、优雅、大气！

（作者系世外中学顾问委员会主任、世外中学原副校长）

第二次握手

朱建华

一个人的一生中如能遇到一两位赏识自己并给自己机会的贵人，在关键时予以指点，在行进中给予搀扶，并施以思想火花，这个人一定是幸运的。在我的职业生涯中，我庆幸自己遇上了这样一位贵人——罗佩明校长，一位知性优雅挚爱教育事业的女士。人们常说，和进取的人在一起，行动不会落后；和睿智的人在一起，遇事就不会迷茫；和沉稳的人在一起，做事就不会莽撞。我在教育教学不同岗位上从幼稚到成熟的过程中，与罗校长的两次握手，深切感受她那提携之手，宽人之心和关怀之情。

我与罗校长的第一次握手，大约在上世纪80年代末。那时，罗校长通过上外附中全体教职员工民主选举并由上海外国语学院（现上海外国语大学）党委任命担任校长。当时我只是学校一名普通的英语教师。至今我仍然不知道德语专业背景的罗校长为何看中了我，她提名并经校务会同意让我担任教导处副主任，使我第一次有机会涉足教学管理，第一次有机会近距离接触罗校长，接受她的直接指导。一年之后，她又任命我担任分管教学的副校长。在与罗校长同一个办公室工作的岁月里，我亲身感受到她对教育事业的热忱和执著，感受她对我这个年轻人的关心、信任和培养。这一次的握手，使我不再只关注英语“听说读写”的教学策略，开始涉猎学校课程建设和教学流程管理的新领域，是我职业生涯中的一次飞跃。

我与罗校长的第二次握手，发生在时隔六年后的2001年。当时，我已经在一家合资企业工作，而罗校长1996年创办了世界外国语中学。有人会问，这两位不在同一职业道路上行走的人，怎么会再次握手呢？道理很简单，虽然我俩都离开了上外附中，我俩结下的友谊依然持续。罗校长对我离开教育系统并不赞同，在我们相聚时，她总说：“朱建华，你骨子里就是干教育的人。”俗话说，旁观者清。没有了学生，我的确时常感到一丝丝的失落。但对于再次回归教育，我依然犹豫不决。罗校长就以朋友的身份，邀请我参加世外中学每年的“英语节”，又以让我“帮忙”为理由，请我周末去给世外中学的学生上课，甚至在我工作的地方召开外语教学专家研讨会。在这过程中，我有机会接触了世外的管理团队和学校文化，深切感受到：在世外，有一个充满教育理想和智慧的领头人；有一支“只要思想不滑坡，方法总比困难多”的积极进取、充满活力的教师队伍；有一套不同于公办学校的管理体制和人事制度。罗校长的魅力再次“罩”住了我，我心甘情愿地“上钩”了。也不知道罗校长施了什么“魔法”，让我这个45岁、只有中级职称的外系统人，到世外中学担任副校长。有时候，人需要的不是物质的富有，而是相通的懂得。这一次的握手，让我领略了罗校长终身从教的情怀和致力于教育改革的不懈追求。让我领略了教育的精彩，为我之后的职业发展积累了经验，奠定了基础。

“用人不疑、疑人不用”。20世纪80年代末，以我这个年龄在市重点中学当教学副校长的仅有两位，显示了罗校长培养年轻人的气魄和胆识。要胜任上外附中教学管理的重任，学术水平、管理经验和任职资历是我明显的短板，我即战战兢兢又急于求成，就事论事，不懂揣摩听者的心态，难免会得罪人。罗校长给予了我充分的信任和悉心的指导。罗校长一方面总是鼓励我对学生发展有利的事尽管放手去做："有我呢！"我渐渐地感觉推动工作越来越顺畅，教师们对我的认可度也有所提高，还以为自己很能干呢。之后我才得知，罗校长为了不伤害我的自尊心，悄悄地到各教研组给许多教师做了说明解释，并让他们支持配合我的工作，谅解我的直率。

另一方面，为了使我职业生涯获得更好的成长，罗校长安排我参加每一次的全国18所顶级外国语学校的年会。由于每届年会都聚焦课程建设、有效教学和学校管理等的核心主题，既有校长们的高位前瞻思考，又有学校实践操作经验的分享，我真的受益匪浅。众所周知，那个年代开会总是三天会议两天参观，因此也引发了某些人的质疑：怎么总是朱建华呀？罗校长坦然回答：她年轻需要拓宽视野；她分管教学需要学习经验；她的职责与年会主题最贴切。她一路搭建平台，搀扶着我慢慢在教学管理上稳步前行。

罗校长从不说教，她以行动体现关心和培养；她不严厉指责，她以任务驱动成长。2001年到世外时，我是一个十足的"外来妹"：不熟悉当时教育改革的进展，不熟悉徐汇教育的氛围，不熟悉世外中学的课程，不熟悉世外中学的教师。刚到学校，罗校长就让我参与建校五周年的筹备工作，迅速了解世外中学前五年的办学理念、培养目标（64字）和校园文化（五大精神）。她在区教育党政干部会上介绍我认识他人：这是中教科的马卫东，这是党办的张剑杰，以后可能会有工作上的联系；她带着我去向教育局领导汇报工作，让我了解徐汇教育的发展和现状；她指导我进行学校双语教学的改革和完善，探索和学习课程建设的规律；她带着我参加研讨会，让我初涉"教育国际化"领域；她请来市级专家研讨学校发展，让我学习如何规划学科发展；她让我兼任校办公室主任，分管学校总务后勤，拓宽我的管理领域。

罗校长的魅力不局限于工作指导和培养，她的细微关心让人暖在心底。

20世纪90年代初的公共交通并不像今天这样发达，为避免费时105分钟的电车不准时抵达，我通常骑车60分钟从威海路的家到中山北一路的上外附中。记得有一天，罗校长对我说："朱建华，你下周起坐上外大学的校车上班吧。7点之前到威海路茂名路的威海别墅附近等车就行。"原来为减轻我上下班的途中劳累，她亲自与上外大学联系，允许我搭乘大学校车。第一次搭乘时，发现那条线路的校车到达茂名路站时已经挤得满满的，许多人不得不坐中间的加座，我即刻感受到罗校长一定费了很多心思和精力说服大学让我乘坐。之后，当学校给罗校长配了专用车后，每天罗校长又让我搭乘她的车上下班，使我能保持充沛的精力专注学校的教学管理工作；有时因一些特殊工作需要晚些离校，罗校长就会在办公室等我办完事情再一起回家。到了世外中学工作后，罗校长依然让我搭乘她的车上下班。

当教师最容易患的职业病就是咽喉炎，我也未能幸免。80年代的我经常突然发不出声，即使当了副校长只担任一个班级的教学任务，情况也没有好转。而我，一个从心底里害怕上医院的人，只能听之任之，失声间隔时间越来越短，妈妈炖的冰糖生梨也越来越无效，不断增量的咽喉片只能缓解片刻。我自己慢慢也就习惯了，也开始不太在意了。有一天，在回家的路上，罗校长对我说；"我联系了瑞金医院的医生，说好时间了，你还是去看看。咽喉炎也需要认真对待。"原来她在繁杂的工作中仍然注意到了我这小小的症状并做好了一切安排。医院检查结果是声带息肉，然后就是手术割除。一切顺利，高兴上班。不曾料到的是罗校长又告诉我，她为了不让我的息肉再生（手术后我曾经告诉罗校长，说我如不注意保养，息肉还会再生），她又联系了另外一位专家医生，让我服了两周的中药（医盲的我至今不知是何神药），彻底解除了我的后顾之忧。这才有了我至今能大声说、高声唱的嗓音。

事实上，我与罗校长还有着第三次握手：她担任世外中学常务副董事长，2012年我退休后，由教育党工委委托，指定我进入学校董事会担任独立董事。

每当想到罗校长时，耳边回旋的就是这首歌：

You raise me up，so I can stand on mountains;
You raise me up，to walk on stormy seas;
I am strong when I am on your shoulders;
You raise me up to more than I can be.

教育对于我而言是职业；但对罗校长而言是终生的事业。可以毫不夸张地说，今天的朱建华身上有太多太多罗校长给予的养分，留有太多太多罗校长的印记。

（作者系世外中学董事、徐汇区教育局原副局长、世外中学原副校长）

魅力教育　智慧领航

徐　俭

认识罗佩明校长已经很久了，而真正接触了解，切实感受这样一位教育家的魅力，是在最近的十年。

十年来，世外如大海中的航船，偶遇风暴波澜，但前行的动力始终源源不断；十年来，罗佩明校长之于世外，角色定位随势而改，不变的是她对学校的满腔热爱。回顾与她相处的这些岁月，罗校长始终引领着蓬勃向上的学校克服艰难、壮大发展，与此同时，她作为领航者的智慧帮助我对教育教学思考得更为深刻、透彻。

智慧源自充盈的性格

2004年来到世外之前，我早已得知即将面对的罗佩明校长是一位出身名校、德才兼备的特级校长，心下稍有惴惴，担心如此知名的校长是否亲和不足、严肃有余，和这样的领导一起共事，是否会因阅历不同、认知不一产生隔阂。可是，在我真正踏进世外之际，罗校长身上特有的随和、大气很快拉近了我们的距离。

报到的第一天中午，当罗校长带着我步入餐厅时，只见同事们不约而同地聚拢在餐桌旁，边吃边聊、有说有笑，一扫忙碌工作中的压力和疲惫——原来与校长共进午餐，早已成了世外人习以为常的事情。渐渐地，我也成为其中一员，和罗校长一块吃饭、闲谈、散步是午间的必修课。罗校长是书香门第培养出来的大家闺秀，与生俱来的平易近人让我们的午餐话题“声声入耳”；她毕业于北京大学西语系，多元包容的教育理念使我们的聊天范围“事事关心”。初来乍到的我为学校平等、和谐的工作氛围暗自高兴。

不久，受罗校长的邀请，我们一同参与了世外的颁奖仪式。临场读稿的我惊喜地发现，所有冷僻字上都被标上了拼音。事后得知，原来是罗校长怕我匆忙看稿，提前为我做好了准备。细微处充分显示了罗校长的关心与细心，更使我感到，充分的事前准备方可避免不必要的尴尬。后来，常常看到罗校长发言之前，会事先列好提纲。我曾“好心”劝她：这只是在教工大会上的简短致辞，无需这般劳师动众。罗校长云淡风轻地表示：“严谨”是我在学习德语时养成的习惯。

第一次负责校运会的时候，我主动向罗校长讨教承办活动的经验。她仔细阅读了初定方案后说：“时间安排得妙极了！不过各部门的安排就这样定下来了吗？不妨再从时间节点上想一想，让大家坐下来，通盘考虑考虑，如何？”校长的口气婉转有力，我第一时间就明白了她的言下之意：看似“巧妙”的规则中还有一定的瑕疵，切不可凭一家之言鲁莽行事。于是，我立刻召集各部门负责人，进一步讨论更合理的活动安排。果然，在齐心协力之下，这一年的运动会办得风生水起，各年级进行了有效的联动，互有所得。

学校的事务千头万绪，身为一校之长，要将各项工作开展得有序、简要，未雨绸缪、从善如流是必不可少的。

罗校长的从教资历毋庸置疑，她更带着谦虚好学的心面对一切。当时，学校顾问名单中有吴小仲、高润华等诸位“大牌”校长，已是特级的罗校长遇到他们时，依然抱以学习的心态，陪同年轻的校领导班子，请教学校工作之路，探讨教学育人之法。工作之余，热爱阅读的她不时把文汇报上的精彩文章剪下来，作为最新的学习素材分享给大家。我们现在忙不迭转发的微博热帖、微信朋友圈，远不及罗校长的剪贴本来得温暖——因为后者包含了罗校长虚怀若谷的温度。

培根曾言“读史使人明智，读诗使人灵秀，数学使人周密，科学使人深刻，伦理学使人庄重，逻辑修辞之学使人善辩。凡有所学，皆成性格。”罗校长身上充盈着的和善、严谨、谦逊、好学等性格品质，引领着世外这艘大船竖起风帆，蓄势而发。

智慧源自担当的意识

2005 年 8 月 23 日，世外中学由公办转为民办。改制之际，罗校长转型成为罗副董事长，由我担任世外校长。那段时间，罗校长常挂在嘴边的话是：世外的风格是做事，不能用谈生意的办法来处理校务。与此同时，她渐渐淡出一校之长的位置，继续以己之力担当着学校的工作。

敬佩于她的尊重——均瑶集团刚接手世外之际，就有老师担心：长期驾驶于商道的董事长不懂教学，怕在统筹工作时不得其法。经验丰富的罗佩明校长，更有资格这样想。可是，在担任校董的日子里，她所处理的每一件事，都会专门撰写成纪要抄送给董事长；她所做的每一次重大决策，都会及时汇报董事长。她对董事长的尊重，同样赢得了董事长对她的信赖。2015 年春天，罗校长从董事长手中接过了世外中学终身名誉校长的称号，让我更为敬佩的是，这份沉甸甸的荣誉背后，她为世外投入的资源、智慧与无尽的真情。

受教于她的认同——当年征订教职工牛奶的时候，优先选择哪一品牌让学校决策层犯了难。对此，我不假思索道：光明是本土老牌子了，选它准没错。罗校长经过一番深思熟虑后，告诉我，她选择的是均瑶，因为她更注重转型民办学校之后的集团归属感。既然世外隶属均瑶集团，我们何不青睐自己的牌子呢？我由衷点了点头。成熟思考、理性判断，是罗校长心系世外的点滴见证，也是我与她共事多年积累的精神财富。

感激于她的呵护——那一年，学校里有位很有个性的外语老师，教学能力过硬，但她容易在学生面前产生过激言语，与我们整个班子的育人理念有所差异。这一“格格不入”的表现让校领导们颇为困扰，接连收到家长、学生的投诉后倍感压力。得知这一情况，罗校长特意组织三位校长一起开会，恳切地问大家：“你们觉得这件事还有转机吗？我们一起想想，还有没有更好的处理办法？”她真诚地表示，“倘若需要当面做工作的，我来！”棘手的事情在罗校长的出面调停之下，终于有了转机，帮助我们的后续跟进得以顺理成章地进行……什么是以身作则、诚意待人的校长领导力，从罗校长一次次的主动请缨中可见一斑。

难忘于她的提点——世外转型的第二个年头，民办招生竞争日趋激烈，尤其是世外与西南位育的生源大战接近白热化。当年4月，我去招生办撂下这样一句：“从今天起报名的学生，世外都收！”很快，这句脱口而出的“狠话”就引发了不小的纰漏，其一度造成报名的人数太多，以致学校的规模无法容纳。危难时刻，又是罗校长挺身而出，和我一起日夜不眠地想办法、定决策，直到风波平息，她一句埋怨也没有。在我坦诚自己多欠考虑，对她表示由衷感激的时候，罗校长依然语重心长：“你现在年纪轻，容易做一些冲动的决定，是正常的。如果当初再多一些思考，把后续工作都想完整了，可能会做得更好。”语气之平和，心态之沉稳，化解了我内心的忐忑与自责，转为对学校工作更为周密的思考。

在我们常常将主观感情过多地外显于客观事物之际，罗校长主动、担当的个人魅力引领着血气方刚的世外无惧风浪，继续前航。

智慧源自超越的自我

早在2001年，世外中学就凭借“参与、实践”的办学理念与卓有成效的办学特色，在社会上赢得了良好的声誉。即便如此，时任校长的罗佩明没有停止思考，她认为“世界外国语中学”的发展不能仅仅满足于“外国语”之特长，还得关注“世界”二字。因此，罗校长在当年产生了引进国际课程、开办境外部的想法。走进国际化的这道门，正向我们徐徐打开。

转眼到了改制的2005年，世外又抓住了良好的改革契机，走上了一条坚定不移的“国际化”道路。整整持续三百多天的IB初创时期，我和她一起在校长室研讨方案，召集各学科老师搭建境外办学平台；一起到市教委讨论工作，与教委的同志探讨境外课程的可行框架；一起走进平和学校吸取经验，听老校长讲他们建设中的“国际化”；一起远赴美国、新加坡等优质学校，对当地的IB名校进行实地考察……

终于在我们得到IB预授权，第一届MYP学生即将入校的时候，境外部共招到26名学生。这可如何是好？当时的学校师资与教室配备都是以两个班、每班24个人来计划的，现在似乎有点难办。我对罗校长知无不言：挤在一个班，超过了既定的班额数，担心影响教学质量；可拆成两个班，运营成本将会翻倍。思量再三，罗校长最终拍板：必须信守对家长和学生的承诺，严格按照IB MYP的班级人数规定，将26名学生拆成两个班级，以确保教学效果和办学声誉。回想如今国际部的飞速发展，是罗校长带领的先锋团队对IB理念的本土落地付出了极大的努力。

如今，基于建设“百年名校”的教育理想，我们思考的新课题与时俱进：世外如何可持续发展？是依靠人，还是依靠机制？为此，罗校长于两年前向我们提出了组织世外教育研发中心的设想。

在第二次转型、担任研发中心主任的过程中，罗校长依然学无止境。我们都觉得，已逾古稀的她，完全可以在家享福。但是每当她主持研发会议时，都会拿出记得满满当当的笔记，做好随时发言的准备。大家在她的鼓励与督促下，先自主学习，再作探讨研究，共享了宝贵的教育教学资料。

轰轰烈烈一整年的世外“回顾与展望”正是在罗校长的推动下于年级组、教研组、备课组层面积极广泛开展的研发活动，得到了自下而上的热烈反响。更重要的是，这一活动帮助学校梳理了具有鲜明世外特色、国际视野并能在本土扎实实施的学科课程建设与实施方案。

随着时代的发展，我越发清楚，作为一名着眼未来、关注发展的智慧校长，终身学习是罗校长的习惯。在她把好习惯分享给大家的过程中，我进一步明白：思考转化为实践才会活化、物化，最后得到升华。实践的过程往往不能一帆风顺，必须经过加工、融合和运用方能超越原来的自己。

顺应时代潮流，尽己所能，为世外注入无穷的发展愿景是罗校长引领的工作特点，更是我不断学习的工作目标——自简单重复中悟出创新、从纷繁复杂中洞悉规律。

回忆与罗校长相处的十年，不断变化的角色、定位让我对于开展学校工作有了深入浅出的理解。我想，只有舍得付出、勇于奋斗才会开辟新的航道，才可能有所收获。罗校长半个世纪的成功教育更使我明白了为人处世的朴素道理：唯有坚持虚心学习、懂得感恩、认真做事、低调做人，美而善的理想彼岸就在不远的前方。

（作者系世外教育服务发展有限公司总经理、世外中学副董事长、世外中学原校长）

笃学感恩绘蓝图

厉笑影

跟罗佩明校长第一次见面是在1997年，那时的我初入职场，青涩稚嫩，而罗校长当时已经是资深的教育界名人了，地位卓然须仰视得见。初见之时，她端庄干练的大家闺秀气质一下就折服了我，言谈举止中无不显现出她渊博的学识，不凡的素养，而她平易近人又幽默的口吻更是一下就让我那紧绷的神经放松了下来。从那时起，罗校长就成了我的偶像，我看着她，心中满是崇敬与憧憬之情。

起步篇

与罗校长共事的那19年，是我人生发展阶段中学习、成长最美好的阶段。从最初的严格指导、支持鼓励，到今天的全力协助，她是我当之无愧的人生导师。

犹记得那时刚入世外，我们每一个年轻教师就收到了来自学校的一份厚礼：罗校长运用她的社会资源，为我们每人配备了一名带教的师父。那些都是教育界的精英，都是特级教师，是罗校长的个人魅力，让这么多优秀资源凝聚在了一起。

那时我的师父是罗校长的好友袁霞如老师，一位亲切和蔼、专业精湛、思路敏捷、热爱教育的前辈。入职之初，在袁老师的带领和指导下，不仅仅让我的疑难困惑得到了及时的解决，更让我早早地感悟到了教师职业的真谛与快乐，坚定了我将教育事业奋斗到底的信念。

罗校长的这一举措，为大批的年青教师提供了一个很高的起点，拓展了我们的视野，让我们少走了很多弯路，在她营造的平台之上迅速地成长。她身边的这些教育专家似乎就是她朴素、真挚教育理念的投射，为我们点燃事业的火把，传播智慧的种子，培养了一批有智慧有素质的世外新生力量，让我受益至今。

成长篇

2003年，我得到机遇，即将踏上校级干部的岗位，那时的我，年仅29岁，面临职场的重大转变，忐忑不安，无法想象的未来的困难和挫折，让我犹豫两难，陷入了迷茫和无助。一方面，罗校长的包容、器重和鼓励让我无法拒绝，另一方面，对自己缺乏自信让我踯躅不前。

罗校长看到了我内心的挣扎，她亲自找我谈话，还特意写了一封情真意切的信来鼓励我，那封信我保留至今，时光荏苒，弹指一挥就是13年过去了，这封信的内容我仍然历历在目，是这信里的激励，成为了我之后人生每一步的动力和勇气。

踏上管理岗位后，我跟在罗校长身边工作的日子更多了，从以前远远的仰望，变成了日日夜夜的跟随，激动欣喜之余，压力畏惧也深深地笼罩着我。罗校长是个追求完美的人，她对工作一丝不苟，要求细致，面面俱到，严谨干练的她不仅对自己精益求精，对身边的我们也是严格要求。她是个急性子，遇到问题绝不姑息拖拉，一定会第一时间解决，她的原则是急人所急，想人所想。而当时的我，身上还有不少惰性，常常粗枝大叶，被她批评。那时所有的工作文案报告，不管是个人还是单位的对外发言稿，她总是逐字逐句地校对、修改，斟酌每一个字句，每一个措辞，乃至于标点符号，都必须力求准确无误，通篇畅达，有时较真到了让我无法理解的地步，反复地修改工作文案，不时地让我觉得非常受挫。随着时日的增加，我慢慢地习惯了她的工作方式，效率和工作标准都大大地提高了，直至今日，遇事多为对方考虑，提前计划、提早部署的好习惯等等，都一直影响着我，帮助着我。

罗校长的身边永远有一本旧得发黄的笔记本，里面满满都是会议记录和工作计划，还有一份份的工作反思。每一项工作都被她分成了计划、实施和反思三个部分，最关注的是工作反思。她常说：犯一次错误不怕，怕的是同样的错误反复出现。在她的影响下，笔记本也成了我必不可少的随身之物，总结和反思也让我受益匪浅。

从教师到中层，直至校级领导，在我这一路的成长历程中，罗校长似一位长者前辈，又如一个知己好友，点拨激励，叮咛嘱咐，十多年的陪伴历练让我走得更高更远，可以说，没有罗校长当日对我的苛刻要求，便没有今日能执掌学校的我。

实践篇

等到我也走上校长这个岗位的时候，我最感慨的莫过于罗校长对学校发展的高瞻远瞩、对于学校特色的执著坚定、对于学生全面发展的一贯坚守。在其位，知其职，我深深地了解到一个优秀教育家背后承载着多少的艰辛和理想。

有着海外留学经历的罗校长，把育人育德看得比读书成绩更重要，她关心的是学生的明天、世界的明天。她认为，引导学生过度关注升学率，不关心国家，不关心社会，是当今教育的悲哀。她认为，一个有责任感的社会公民首先是一个心中有爱的人，而封闭的学校只会封闭学生的个性，她要打造的，是一个开放的学校，开放的环境造就学生正确的人生观、开放的个性。而要贯彻执行这一理念，在以升学率为唯一考量标准的教育体系内，是何其地艰难，而她却顶住巨大的压力，做到了。

2004 年，她与“春蕾计划”联系，运用她丰富的社会资源帮大家把设想落实。那时几个学校间竞争激烈，升学压力很大，很多人不理解她的做法。可她保持淡定，认为学会奉献的孩子才能心中有爱，才会将来懂得回馈社会，而我们要做的，就是早早为他们埋下爱的种子。她鼓励我们发现学生爱的萌芽，提出了“积极参与，努力实践”的口号。在她不懈的坚持下，学校的社会实践活动越来越广泛，越来越深入，从董李美凤学校到孤儿院、从安徽广德到大别山……在传播大爱这件事上她更是带头实践，各种天灾人祸她都会关注，或送去物资或寄去钱款，默默地做着我们的榜样，教会我们懂得爱与奉献。

社会即学校，教育和生活是同一个过程，只有教育与生活结合，才能培养出真正有益国家有益社会的人才，教育本身更是爱的事业，罗校长把她心中的大爱投射在教育事业中，浇灌在每个学生和老师的心田。

展示篇

在办学初始，罗校长就显示了她前瞻性的眼光，她坚持英语特色，以培养具有国际视野的人才为己任，她要求我们的孩子不仅要会读会写会考试，更要学会真正地用英文交流，学会更多在书本上没有的技能。而这些，仅靠关在教室里死读书是无法实现的。

为了实现她的教育理念，实现学校的交流和互动，打造真正的国际型人才，罗校长从学校发展的战略性思考出发，与十多所海外学校展开了联动，打造了一个非常国际化的平台。她不仅仅要求孩子们要出去多看多学多交流，更要求老师们也要走出国门，了解世界。她亲自为师生们进行西餐礼仪培训，不断为大家创造出去学习交流的机会，她要求我们“走出去，请进来”，积极学习国外先进的教育理念，把素质教育真正地带回我们的学校。

那时候还没有素质教育这一提法，所有人还在为了升学考试汲汲营营，早在别人还固步自封的年代，罗校长便开始很前卫地推行她与众不同的办学方针。这在当时简直是不可想象的，我们也曾经困惑，曾经举步维艰，但她的执著最终获得了社会公众的认同，取得了巨大的胜利。

现在，世外已经成为了沪上众多国际学校中的佼佼者，成为了大家的楷模和标杆，我们的学生不仅有出色的成绩，更有出众的能力和美好的人格，所有的辉煌成就，都受益于罗校长富有前瞻性的思想和她严苛执著的努力。而接过她手中指挥棒的我，也定不辜负她的重托与期望，要让我们的学校在今后办得更好，取得更高的成就。

（作者系世外中学校长）

心中的大树

陈　勇

岁月在树上刻下印记，仰望大树，每见根深叶茂、巍然耸立的大树，便心生敬意。

——题记

1996年秋，我走进了坐落在桂林西街这条静谧小巷中的学校——上海市世界外国语中学，那时的我只知道这是一所以外语和计算机为特色的学校，而我，仅是一名对教育事业热情有余而知之甚少的实习生。与小巷的宁静形成强烈反差的，是这所学校的活力、朝气。初为人师的我，在经历了数不清的“第一次”之后，对教师这个职业有了些切实的了解，也渐渐走近了学校的创办者——沪上知名的“双特”（特级校长、特级教师）校长——罗佩明女士。建校不久的世外中学本着“积极参与、努力实践”的办学理念，志在培养“走向世界的现代中国人”，初生牛犊不怕虎，我被这股“参与实践”的热情所感染，开始了“不走寻常路”的世外教育教学生涯。而今，20年时光匆匆而过，想起那段历程，我深为能站在罗校长这棵大树的绿阴下，成为她教育思想的解读者、追随者和执行者而感到幸运，感到骄傲。

树根是“P&P、C&C”

在注重实效的世外，会议并不多，但召开一次，就一定有收获。世外老校区那块小小的宣传黑板上，时有一些令我们这些年轻教师振奋欣喜的会议信息：教育专家来校商讨学校发展大计、特色学科召集研讨、校领导与年轻教师座谈教学心得……就在一次次会议、一场场座谈中，我渐渐了解了国内外的教育现状，逐步有了自己的发展目标。在众多的会议中，让我比较清晰地理解到罗校长的教育教学理念的是2001年那一场名为“罗佩明和她的P&P”的专题研讨会。在一次次的聆听与学习中，罗校长对我的数次寄语、学校的教育教学方面的诸多举措、校园文化建设的点点滴滴，仿佛成了一条条纵横的线索，构成了被解密的藏宝图，一切豁然开朗了。

“积极参与、努力实践”的办学理念创设的初衷是为探索外语教学、培养外语人才而定的，随着学校的发展，罗校长以英语教学为突破口，将P&P理念融贯于教师成长、队伍建设、学生素质能力的培养之中，并不断深化与发展成为“P&P、C&C”。如今，我再次回过头来看这个学校发展的树根——“P&P、C&C”，有了更深刻的理解：“P&P、C&C”理念是指积极参与，努力实践，在参与中学会合作，在实践中学会创新。根本上说，“参与”“实践”“合作”“创新”四者各有侧重，互为表里，融为一体，共同来完成学生、老师完美人格的塑造，实现教学质量的稳步提高，形成学校课堂教学的良好育人环境。

“P&P、C&C”，就是罗校长教育思想的根之所在。

树干是多元课程

树干，是一株大树的中坚力量。罗校长成功打造了世外中学的两大特色学科——外语和信息科技，这两者与丰富多彩的各类学科课程和活动所共同形成的多元课程体系稳稳地承载了促进世外中学教师专业成长、学生全面发展的重任。

1997 年，刚刚迈出师范大学校门的我，作为一名普通的信息学科教师，亲眼见证了罗校长对这门学科的关心和重视：六、七、八年级保证每周 2 节课时，并在六年级学习市统一基础型课程之后，七、八年级进而学习自编校本信息科技课程——无论是课时安排上的充足还是课程内容的推进，都让信息科技这个学科真正得到特色发展。在 1998 年、2004 年、2010 年的几次关于信息科技课程研究的市级大型研讨会上，市、区教育教学专家对这一校本课程给予了高度认可，学校的信息科技学科也因此在区里乃至市里都有了一定的影响力。

2003 年，我担任校办主任后，更是亲自参与了罗校长打造世外外语特色课程的全过程。罗校长积极为外语老师们搭建国家级、市级和区级各类学习平台，营造浓厚的教师学习研究氛围。每个学期，罗校长都会邀请市专家对学校外语课程培养目标、校本课程内容等进行研讨，这为学校外语特色的发展明确了方向，世外中学的外语课程也在逐渐向“学用结合、学以致用”靠拢，学校的外语品牌效益日渐彰显。

物理、生命科学、地理、历史等课程都注重通过动手体验，培养学生的观察、发现、操作能力；北大才子孙亮在学校开设独具一格的语阅课程；篆刻、书法、英语辩论、写作指导等百余门拓展类课程同时开设……所有的一切都体现了罗校长多元课程的教育观。

什么是成功的教育？罗校长说：“让学生在愉快的、没有过多限制的氛围中去参与、去实践、去创造、去成功，这就是我们的梦想，我们的追求。”

多元课程，就是罗校长教育思想的主干所在。

树枝是教师培养

人们常说：千里马常有，而伯乐不常有。谁能说得清在罗校长几十年的教育生涯中，培养了多少位出色的专家型教师？发展了多少位共产党员？为教育事业推荐、提拔了多少位教育管理人才？凡是受到过罗校长培养、提携、帮助的人，无一不铭记这份知遇之恩，我也是其中一员。罗校长在我走出师范学校的时候，满怀欣赏地接纳了我。我常常想：如果说自己在教育工作中，真的做出了一点成绩，那么，其中的一半出自我的勤奋，另一半则是罗校长手把手给予我的。

倘若前面说的是我在世外的第一件幸事，那么之后罗校长给我不断搭建的平台、经历，更是一种成长的幸福感。1998年，罗校长推荐我到徐汇区中招办辅助计算机招生，打开了我和社会的接触之门，我去区里接触了更多的人，看到了更多的事，它提升了我的境界和视野，也为我的综合素质提高奠定了良好的基础。2003年，罗校长任用年轻的我担任校长办公室副主任，之后我逐步担任了校长助理、分管教学的副校长，到今天担任党总支书记。回首往事：罗校长一次次促膝谈心，一项项严格要求，一回回鼓励支持，让我或感佩，或惭愧，或斗志昂扬，不断汇聚成向上的力量，使我数十年如一日地思考、自省、躬行。

在世外，像我一样在严格的要求和温暖的支持中成长起来的教师还有很多。在我看来，罗校长在培养教师专业发展上，既有远见卓识，又有一套办法。早在2004年，当全国还没有送教师到海外进修的先例时，罗校长就先行一步，她想方设法先后送了9位英语老师到英国担任一年进修教师，他们现在都成了世外中学英语组的顶梁柱，而此后教师海外长期进修和带领学生出国考察逐渐成为世外中学的一个传统。在这种传统的传承下，一批批优秀的具有国际视野的教师脱颖而出。多年坚持搭建各类平台的历程，也是罗校长发现教师、培养教师、塑造优秀教师的历程。

有一次，我和一位外语专家交谈，他说："教师是学校的第一资源，教师的提升发展是学校发展的根本。"他的话使我恍然大悟，由此，我理解了罗校长愿意花更多的钱，愿意在教学最困难时也要抽出教师出国培训深造的用意。这一切，让我再一次看到了一位教育家的胸怀和睿智。罗校长以爱和智慧育师，世外教师以爱和智慧育生。20年躬耕，"世外桃源"胜景已具，灼灼其华。

教师培养，就是罗校长教育思想的枝干所在。

树叶是学生发展

2006年，世外中学十周年校庆。《文汇报》载有这样一段话："上海市世界外国语中学，从1996年创办起，就在思考一个课题，究竟要把学校办成怎样的学校，培养的学生应当具有什么特质？把学校办成具有外语特色的现代学校，把学生培养成具有'爱心、优雅、大气'的现代中国人，使他们成为有'教养、文化、能力'的国际型人才，这是学校的办学初衷。"

又一个十年即将过去，一批批朝气蓬勃的世外学子从桃源出发，走向世界各地。他们充满爱心，大气开朗，自信优雅，他们彼此信任与友善，合作与交流，并会创造。怎么能达到这样的境界？我想，这是世外中学奠定学生的知识、能力、人格所致，也是罗校长倡导的办学思想真正得到贯彻所致。

世外中学的课堂注重学生素质和能力的培养。在这样的课堂中，每一位学生既有展示自己的机会，也能看到别人的成长，它通过不同形式的小组合作，学生的团队意识、团队荣誉感增强，从而不断成长。让一批优秀的青少年集聚在一个集体中，让他们确立一个高的目标，这对促进他们成长非常有利。

世外中学鼓励学生质疑。学校设定一堂优质课的标准是：鼓励学生问难质疑；善于运用多种方法问难质疑；教师能教会学生各种提问方法。通过这种课堂活动，充分调动了学生学习、思考、提问的积极性，发展了学生的创新思维能力，从而使学生真正成为学习的主人。

丰富多彩的课外活动陶冶了孩子的情操，潜移默化，润物无声。英语节、艺术节、体育节和科技节在孩子们的世外生涯中留下深深的烙印；新年音乐会、达人秀、14岁生日更是一份份难忘而独特的桃源记忆。多年之后，学生会发现：他们在与人交流时的那份自信，正是源于初中时参加的这些活动。

世外中学毕业的学子中，既有在专业领域颇有成就的栋梁之材，也有社会建设中的普通一员，但他们都认为："世外中学给了我们充分的自信，让我们从小就了解自我，让我们无论什么时候都能真诚面对一切，战胜一切，永远都做最好的自己。"

学生发展，就是罗校长教育思想的枝叶繁茂。

到过世外的人，无论是教育专家，还是媒体记者，抑或是同行教师，都会由衷地感慨：“世外中学的素质教育是具体的、实在的、有效的。”在我看来，这一切都离不开罗校长不断创造、实践、发展的教育思想。有人说：“罗校长是一位积淀深厚，思想解放，执著敬业的开拓者与导航人。”在我心中，罗校长是一棵参天的树，需要我们静静地仰望……

（作者系世外中学党总支书记、副校长）

大步前行中润泽四方

朱　浦

1994年初夏，在浦东福山外国语小学“中小幼外语教学一条龙”实验项目专家会上，我初识了鼎鼎大名的外语教学专家罗佩明校长。1996年秋，我的孩子进入世外中学学习。由于教研工作关系，且学科相同，我也越来越走近了世外中学。

偶然的结识，开始了我与罗校长20年的交往。其间，我目睹了世界外国语中学在罗校长的带领下逐步成长、成熟、壮大的历程；目睹了世界外国语中学的外语学科课程建设完善、丰富、飞跃的历程。2005年世外中学被国际文凭组织（IBO）授权成为成员校之一，同年又通过CITA组织（美国私立学校国际及跨地区教育鉴证委员会）的鉴证，成为上海地区既是IB学校又是CITA鉴证校的唯一一所初级中学。

罗佩明校长用自己的热情和心血精心培育、浇灌着世外中学。如今在世外中学的园田中，学校的课程绽放出缤纷的花朵，其中外语学科课程是最美丽的那一朵。在与罗校长共同工作、研究的过程中，我慢慢走近了她，深入了解着她，深深地被她的人格魅力、学识魅力所折服。

世外中学创办伊始，罗校长就和学校决策层一起为学校确立了“培养外语水平较高、各门学科基础知识扎实、德智体美劳全面发展的学生”，“造就热爱祖国、崇尚礼仪，会学善学，学识广博，奋发进取，勇于创新，具备国际意识的，有竞争力的国际人”的办学目标。20年来，罗校长和同伴们一起不断探索、实践，站在培养“走向世界的现代中国人”的高度确定了涵盖基础、习惯、语言技能、国际视野、人文素养、学习策略等诸多方面的世外中学英语学科校本培养目标。为了实现这些目标，学校积极探索多元化的外语教学模式，十分注重外语的工具性、交际性和文化性功能，倡导“用中学”、“学中用”的外语教学思想，创建了以“活动—交往”为核心的外语教学模式。学校对学生外语实践和交际能力的着力培养，全面提升了学生的外语素养。学校逐步确立了外语教学特色品牌。

罗校长有着与时俱进的创新精神。她用先进的理念引领着学校外语学科的课程建设，从最初提出“积极参与，努力实践”，到现在的“主动合作，勇于创新”，她始终站在学科育人的高度，强调外语教学中应凸显学生的参与和实践，强调学生合作精神和创新能力的重要性。她提出要让学生“在参与中学会合作”、“在实践中勇于创新”。即在有效互动的教和学的活动中，增进学生的合作意识，培养学生的合作能力，促进共同进步；在丰富多彩的实践活动中，让学生充分体验与感悟，提出见解与创意，培养探究实践的精神，体味探究实践的乐趣。

先进理念引领下的世外中学外语学科课程建设蒸蒸日上，学校外语学科步入全英语教学时期。课堂教学语言在悄然转型，课堂中，教师教学的语言，学生交流发言都必须用英语。师生们在精心创设的真实的生活情境中运用英语讨论问题，交流沟通思想，解决处理矛盾。世外学子在真实的“活动—交往”情境中很好地运用着英语这一学习工具、生活工具，英语的语用能力得以迅速提升。

语用体验是提升语言综合能力的关键，课程设置是保证语用体验的基础。外语学科课程设置为三大系列：核心课程、分层课程和体验课程。罗校长早在办学初期就开始关注国际上对国民关键能力模型的研究，联合国教科文组织在1996年就提出“四大学习支柱”的能力模型，即学会学习（Learning to know），学会做事情（Learning to do），学会共处（Learning to live together），学会做人（Learning to be）；随着时代的变革，又提出还要学会改变（Learning to change）。为了在学科学习中培育学生的这些关键能力，罗校长带领教师们不懈地开展着外语学科的课程建设。经过多年的努力，学校形成了立体多彩的外语课程。核心课程以《朗文国际英语教程》和《上海版牛津英语》教材学习为主干，以各年级和全校的英语活动、各种社团、海外交流项目为辅助；分层课程整合中外教材、英语报刊杂志和网上视听材料。课程的设置构建了学校和社会两大活动板块，创设浓厚英语氛围，通过师生之间、学生之间以及学生与社会之间的“三向交往”，扩大了运用英语的时空，使学生获得最鲜活的语用体验，培养了学生的语用自信，提升了学生的综合能力。

学科教学要让学生能体味到学习的乐趣，进而产生对学科的情感，课堂教学是关键。罗校长深知学科课程目标必须在课堂教学中落地，她和她的伙伴们不断探索、总结促进“多元互动”的课堂活动策略。多元指的是学生交流对象的多元，听说读写技能转换的多元和评价方式的多元。互动指的是语言、文化、思维层面的相互理解和交流沟通。罗校长引领教师们在实践中逐步体悟到，在互动中交流的不仅是知识内容，更重要的是高质量的信息、思想、情感兼容并济的交流。通过信息的沟通，思想火花的碰撞，情感的交互，让课堂教学充满活力，为学生课外的自主学习、探究提供了强烈的驱动能源。同时，学校还积极开展多元互动评价的实践，从评价如何“引导学生倾听同伴的想法；引导学生学会诊断、改进；引导学生基于评价进行反思”等方面组织开展评价活动，帮助学生通过评价学会反思、调控和完善学习方法。“多元互动”的课堂教学与评价活动为学生创设了更多参与和实践的空间，丰富了学生的语用体验，使学生在英语学习过程中锻炼了听说读写，享受人文熏陶，获得交流体验，提高思辨能力，并激发他们以极大的热情投入英语学习中，成为自主的学习者。

学科的课程建设离不开一支精良的教师队伍，而教师的成长也有赖于学科课程建设。罗校长深知学科课程与师资队伍建设之间的这种共建共赢的关系。20年来，她一手抓课程建设，一手抓队伍建设。为使学校的英语课程和教学改革更加理性化、科学化，她指导外语教研组先后开展国家级课题“以情感纬度系统优化教学”、上海市课题“在初中全方位强化外语教学的实验”、“运用多维评价模式提升初中学生自主学习英语能力”的研究；参加国际外语教学研讨会。为了提高教师课堂教学能力，她积极搭建各类展示平台，20年来，学校英语教师对海外教学展示共计160余次，全国公开教学展示共计180余次，全市公开教学展示共计250余次；教师们在一次次的教学实践中学习探索，团结互助，不断创新，在一次次各级各类的教学评比中屡获殊荣，获得了全国、市区专家们的交口称赞。青年教师在一次次的历练中学科专业素养得以迅速提升，一批批教学能手、学科骨干在学科课程建设的过程中脱颖而出，一支风格鲜明的创造型发展性外语教师团队在学科课程建设过程中形成、壮大。世外中学也诞生了上海当时最为年轻的英语特级教师朱萍，学校实现了突破性的提升，较好地实现了高位发展的预期目标。

20年过去了，教育大环境的改善催生了无数外语类学校的诞生。当年世外中学的老师们手拿家用摄像机录制家常课，随后一节节剖析的情景依然清晰记得，正是这种奋力拼搏的精神成就了今天的他们。如今上海就有40余所外语类学校，但综观各校的理念内涵、目标导向、课程设置、课程资源、课程内容、师资队伍、教研文化，以及学生的综合素质都很少能与世外中学相提并论的。世外中学成了上海外语类学校中的佼佼者，是学生和家长一心向往的好学校！

20年过去了，罗校长就是以自己的学术磁场吸引更多的美好，赢得广泛的支持、认可与赞誉。世外中学曾连续七届举办"世外杯"，这个平台不仅集聚了全市外语学科专家和教学资源，更有区域教研的力量、教学的交流辐射以及教师的专业成长。而世外中学也在不断获得自身发展的同时，深深影响了各区县，乃至整个上海市，无愧于上海市初中外语教学一面旗帜的赞誉。

20年过去了，罗校长凭着对教育一生的钟情挥洒着自己的潜能，书写着"心年轻，人无龄，风采依旧，魅力尽绽"的神话。世外中学在成立之初就大胆摒弃了"结构"教学模式，率先跨入"结构—功能"的教学模式，领先了面上学校全面推进整整十年。人们常说"腹有诗书气自华"，罗校长就是这样一位充满知性之美、灵性之美和学术之美的校长，她带领世外中学的老师们在外语教学这条道路上不断地探索、前行。

20年过去了，我有幸见证了世外中学的发展，罗校长用行动践行着她的格言："我一生从事外语教学，为学生寻求成功的外语学习方式，不仅是我赖以生活的一种工作，更是一项事业，事业就需要我们为此而真诚到永远”。就是这样的信念伴随着她20年来风雨兼程，孜孜前行。罗校长的言行不仅指导着我、激励着我，更是影响了上海年轻一代的外语人，她永远是我心目中的学界长者和教学楷模。

（作者系上海市教委教研室英语教研员、英语特级教师、世外中学英语顾问）

高瞻远见　知人善任

孙　亮

栖凤之梧

2000年夏天，我即将从北大中文系本科毕业，当时的职业规划是到上海做中学教师。我向上海各区将近50所中学发出了简历，后来接到了一半左右的面试机会，先后去过上中、华师大二附中、大同、晋元、控江、杨浦等20多所市、区重点中学面试，并且得到了其中不少学校的签约通知。世外中学当时刚刚建校四年，并不算很有名气，开出的各方面条件也并不突出。很多同事后来都问我，我当时为什么会选择世外入职？相当一部分答案就在罗校长的个人魅力身上。

初到世外的面试是直接和罗校长进行的。当时的罗校长给我的第一印象就是理性而热情，没有废话和官腔，言语信息量大，爽快直接。她作为北大前辈的经历也和我瞬间拉近了距离。当时罗校长有一句话直接打动了我："我们这里都是年轻人，大家没有论资排辈的等级制度，都是关系很好、热心做事的。"

或许是北大带给我的影响，或许是我个人的性格原因，一个单位的精神氛围是我非常看重的标准之一，超过可见的物质利益——

是否足够开放、坦诚？是否朝气蓬勃地在从事有未来、有前途的事业？是否能避免人际关系的内耗、等级制度的僵化？

很遗憾地说，当时我面试过的不少重点中学在这方面并未体现出吸引力。所以，世外和罗校长的朝气明朗给我留下了极好的第一印象。我们当场就敲定了几天之后的试讲。试讲那次罗校长听了课，课堂氛围融洽，学生们都挺阳光的，笑起来很灿烂。讲完课，我心情很好，回到罗校长办公室时就相当直接地说："罗校长，如果你们想要我，就请早点告诉我。因为我已经有好几个学校的签约通知了。"这倒是实话。罗校长当时的反应出乎我意料之外。她说："好的，我们这就签约。"然后她就拿来了一份合同，当时在办公室里我们就签了约。

在签字时，我有没有犹豫过？应该有，因为其他几所学校的名气当时都更诱人，但世外和罗校长的这种高效率和魄力，却更打动我——我本能地感觉到，这所学校的气场会更加适合我。我在这里能够更自由地发挥自己的能力。这比去靠一棵所谓大树要重要得多。

有一个例子作为对比。后来虹口区的一所重点中学也给我打电话要求签约。我说我已经签了世外。对方颇为惋惜，还劝了我半天，说他们当时就很想要我的——问题是这个电话是在我面试这所学校的二十多天之后，而且面试时他们的脸上都没什么表情，一副淡淡的样子，让我觉得肯定没戏，早就不去想了——这种效率、这种交流方式，实在是我不能理解的。

十多年后，站在一个更高的层面上回顾，我觉得我做出了人生最正确的选择之一。世外的自由、宽容、和善、充满激情、讲求实效、不务繁琐虚华，都太符合我的期望，也太能为一群有志有才的年轻同仁们创业开辟舞台。而世外的学校气质、职业精神从建校开始，直到逐渐成形，其间很大程度上是罗校长的个人魅力的体现。

“爱心、优雅、大气”的校训，用来评价罗校长也最为合适。

北大的气质能成形，大家公认是由当年的蔡元培校长奠基。在罗校长身上，我看到了另一个证明：一个人的气场，能成就一所学校的气质。

古语云，凤凰南来，非梧桐不栖，非清泉不饮。单位挑选人才，人才也在挑选单位。世外能够从零开始，吸引那么多的英才来齐心协力，成就现在的辉煌，罗校长这株“栖凤之梧”往往是写下关键那一笔的原因。

布局之手

入职世外后，我先是教了两年高中语文。虽然学生很喜欢我，两年下来挫败感渐生，觉得我和语文课之间根本就是一场不合适的婚姻，互相伤害，职业前景也显得黯淡起来。

其实现在回头来看，这不是我一个人的问题，而是一个更大范围的普遍疑问：特殊人才如何能够与标准化的体制有条件地互相宽容，达到双赢而不是双输？北大盛产“特殊人才”，当然其他大学也会有。特殊人才的共性是：优点和缺点都同样突出。优点往往是有才华、能力强、眼界开阔、富进取心、高标准严要求；缺点则是自视过高、个性强烈、严重厌恶陈规、要求更高的自由度和宽容度。说白了就是你能给他找一块特别合适他的地儿，把他扔进去单干，不多管他，他能做得风生水起。你要是非逼着他混在大队人流中，慢悠悠听话干活顺从上级再鞠躬，他就要发飙了。对特殊人才的任用管理，对每个单位的领导来说都是难题，也是对领导气度、智慧、眼光的真正考验。不是过严，就是过宽。过严者“一刀切”，逼着人才无条件地适应现状，逼着创造性的人格去做单调重复的常规工作，对广袤的能力和思想只给予冷眼，最后结果常以惨烈的闹崩告终；过宽者，则一味放纵无视，把夸夸其谈的鱼目混珠者也当成人才，对各种年轻人必然难免的缺点也毫无提醒，最后导致本来的人才自我膨胀，反而一事无成。这两种情况我都见过不少例子。我很多北大同学最后都栽在这上面。其实他们很多人都比我更有才华能力，但是在一个不合适的单位里，碰上些不是那么有气度智慧眼光的领导，最后也只能或泯然众人，或决然远走，就算远走往往也是废了。

2002年的时候，我其实也处在一个将废未废的十字路口。这时罗校长找我谈了一次，看似很简单，就是问我："想让你改去教初中的语文阅读课，怎么样?"

很多年后我反思，其实当时罗校长这个决定并非随意，而是深思熟虑。她知道我的性格不适合体制，但当时学校内很难有游离于体制之外的合适职位。初中语阅课反而是个好的去处。它每周一节，初衷是增加学生的阅读量和知识面，所有学生必上，却没有教学体系，大纲教材一概皆无，实际操作中基本就是老师带学生到阅览室自修、找些杂志看看。但是这么一门在其他学校都不被重视的副课，可能却恰恰是罗校长看中的最适合我的课，用来最大限度发挥我知识面丰富、讲课自由广阔的特长。换个单位，换个领导，恐怕很难有这个耐心为一个特殊人才专门寻找一个量身定做的舞台。就算有这个耐心，也未必有一双慧眼。就像下围棋，知道这个子儿不适合下在某些地方。但要下在哪个最合适的地方，把这个棋子的效能最大化，进而让满盘棋都更有活力、更上升，却是对大国手的考验。当然，当时的我根本想不到罗校长那一番人尽其才的苦心。我只是懵懂地答应了。

后来几年里，语阅课确实成为学生非常喜欢的特色校本课程，而在不被束缚的前提下，我也终于能够把能力淋漓尽致地发挥出来，快乐而有成就。我和世外，终究双赢。

数年后，世外引进 IB 课程，最初的设想和布局也是由罗校长完成的。世外的 IB 现在是一个成功，不论对世外发展本身、对许多世外学生的梦想、对推动教改与课改，都意义深远。另外还有一个意义：因为它的高宽松体制、高学术要求，它造就的不是循规蹈矩、划线设障的单行道，而是臂力强健者自由搏浪的广袤碧海。这样，更多的特殊人才就可以在世外找到适合自己的舞台。把一个子儿下得恰到好处，显示的是耐心和深思；把一整片布局做成，从此海阔天空，给单位和人才各种双赢的可能，显示的则是智慧和远见。

奔腾之地

几年前，在世外的某次校庆上，我获得了“智慧教师奖”。当罗校长给我颁奖时，我对她说了一句话：“没有您，就没有我的今天。”

十多年来的职业生涯，我从一个青涩、懵懂、带点愣头青气质的大学毕业生，成长为今天一个合格、勤奋、给众多学生带去欢乐的教师，不全是靠个人的努力，也有赖于契合的外界环境。如果没有罗校长和世外对我的宽容、鼓励和器重，我不会是今天的样子——至于什么样子，看看我一些北大同学就可以想象，也许把太多精力都花在了不认同现状，以致两败俱伤。

千里马常有，而伯乐不常有。一个不合格的管理者会一边废掉人才，一边感叹天下无马。而一个伯乐却可以创造万马奔腾的广阔原野。

这也是我对罗校长至今的感激。

（作者系世外中学国际部知识论教师）

共享快乐 20 年

梁　允

当组稿者告诉我这本书名为“我一生中最快乐的20年”，我心中不禁一动：罗佩明校长一生中最快乐的20年不也是我一生中最快乐的时光吗？

我是六八届高中毕业生，经历过“文化大革命”，1969年去安徽下乡插队落户，历经务农、当民办教师、进入乡村医院当赤脚医生；恢复高考后进入高校学习，毕业后留校任教；改革开放后回到自己的出生地——上海从教。这一生品尝过人生的许多酸甜苦辣。当今天真正离开三尺讲台，回首往事，这一生中对于人生有最积极的感悟、自己有限的能力能得以施展的时间也正是在世外中学的这20年！世外中学从一个只有几个班级、十几个教职员工的小学校发展为至今的七八十个班级，近200个教职员工且在市里乃至国际上都有一定知名度的学校，是20年来一批又一批教师无怨无悔为之奋斗的结果，而引领教师不断成长的正是罗校长。罗校长为我们搭建了世外这个舞台，而这个舞台又由于罗校长的个人魅力而放出特殊的异彩！

罗校长站得高，看得远。

罗校长毕业于北大，学的是德语，在德国考察过，她的眼界、视野不同于一般人。学校刚开办时，她就提出：作为一个外语学校，应该有自己的特色。我记得我们第一个大型活动——英语节就是她倡导办的。如今我们学校每年的大型活动应该是那个英语节的延伸吧！有一个细节我至今没忘：英语节当天的午餐是西餐，罗校长亲自给学生讲西餐的礼仪。罗校长自己站得高，也希望她的员工站得高。她经常安排员工出国进修、考察、观光。润物细无声，这些对培养走向世界、优雅大气的世外人都起了潜移默化的作用。

罗校长对学校的管理是严格规范的。

聊到校领导，大家都有点怕罗校长。说好的事情，定好的规范，若你没有做到或没有做到位，那一定会遭到罗校长不讲情面的当面批评。尤其是对待中层干部，她不讲任何私情。几乎每个人都受过她严厉的批评。而也就因为这样，世外人做事都格外认真，任何一个活动、任何一项工作都搞得井井有条，繁忙有序，绝不走过场。

罗校长重视提升教师的思想境界。

世外中学的政治学习时间为每周一的下午4点半到6点，雷打不动。记得世外初创时，罗校长经常请一些师德高尚的名师来校做讲座，大家常听、常思考、常交流。在世外人的理念中，教师工作不仅仅是一份职业，更是一项事业。今天世外人对待各项工作所展示出来的打拼精神，就是从初办时一年一年传承了下来。

罗校长和教职工是打成一片的。

学校有个传统，每到年终都要对教职工进行家访。初办时，学校老师仅十几个人。那时，他们喜欢吃我家包的馄饨。有一个寒假，学校的几个老师来玩。中午时分，罗校长也赶来了。原来她在区里开一天的会，中午区里有午餐，但她还是特地赶来和我们一起吃馄饨。说笑之间增进了大家的了解和友谊。如今，这种亲如一家的友爱精神一直在我们的校园里延续。

罗校长关心教职工的子女。

我的女儿是世外的第一届学生，品学兼优，罗校长十分爱护她。1997 年，第六届国际红十字青少年和平夏令营在韩国首尔举办。罗校长推荐了我女儿，让她代表上海市的青少年参加了此项活动。这个活动让女儿长了见识，开阔了眼界，增强了责任感。如今远在香港工作的女儿回忆起往事，仍是非常感谢罗校长在她确立人生观的关键时刻给她的关心和启迪。

工作是一种态度，决定了我们的快乐与否。罗校长的远见、近乎苛刻的认真创建了世外这么一片乐土，而每个为世外努力奉献的工作者也在这片乐土上找到了自己真正的价值。

（作者系世外中学数学教师，已退休）

饮者怀其源　学成念师恩

蒋　瑛

我与罗校长的师徒缘

我自幼怀有当老师的梦想，但由于大学念的是非师范类专业，因此对教师职业就不再抱有太大的希望。然而，一个十分偶然的机会，让我来到世外中学参加招聘面试。我当时的心情十分紧张。

记得那是浦北路校区4楼一头深处的一间办公室。走进办公室，第一眼看到的是一位笑容亲切的女士，应该是位老教师，不过穿着打扮显得十分精神。除了一些德语基本功的测试外，面试更多是交流聊天的形式。这位女士便是世外中学的创始人、德语特级教师罗佩明校长。她一口流利标准的德语让我有些惊讶。在我的认知中，小语种也就是我念高中那时才开始兴起，谈话中，我们聊到了德国留学的经历，得知罗校长北大德语系毕业，拥有一段在德国海德堡大学的长期游学工作经历，着实让我心生佩服，暗自想着："这一定是一位资深的学者！"更让我惊喜的是，原来我当时在德国留学时的大学老师竟然是罗校长的学生。顿时，眼前这位"桃李满天下"的教育者，让我肃然起敬。我们彼此感叹世界很小，德语圈更小。这场面试让我从紧张变得格外兴奋，还有些意犹未尽，像是遇到一个有缘人，有着些许相似的经历和许多共鸣。面试结束，我没有过多在意结果，因为那本身对我而言已经是一场难得的相遇，一段愉快而难忘的记忆。

幸运总是在不经意间降临，面试后不久，我就被通知来世外参加第二轮面试。试讲对我而言几乎是不可能完成的任务。准备教室里，遇到的都是师范专业出身、有备而来的面试者们。站上讲台的那一刻，我发现，在满满一教室的小朋友中间竟然坐着那位面试我的“老教师”。或许因为紧张的缘故，试讲的过程我已经记不太清。但记忆中，罗校长自始至终的和蔼微笑却格外清晰。对我而言，那是最直接的支持和鼓励。

从那时起，我开始喜欢上这个学校，开始期盼能够获得这次的面试成功，开始想象着以后每天站在讲台前成为一名名副其实的德语教师……

职业路上的点拨者

作为一名德语教师，身在世外是幸运的，有罗校长这位名师指点更是莫大的幸福。入职初，有幸由罗校长亲自带教。从课前备课、教学课件、课堂教学、课后交流，罗校长都耐心聆听、细心指导。7年来，大大小小的公开课，她都十分关心，经常会提前两周时间开始做安排，从百忙之中抽出时间亲临指导。慢慢地我便习惯了：我的公开课上有罗校长的身影，只要她在我心里就踏实，也越发自信。

每次的课后研讨是我最珍惜的学习时间。跟罗校长一起教研，她总能十分清晰地分析现况，提出中肯的建议，给予启发，为我注入不断前行的动力和勇于开拓的信心。

我的教学经历中，有成功、有失败，也有忐忑迷茫之时，而罗校长总是一路陪伴、支持、包容、教导。一次次的公开课、展示课使我得以迅速成长。2009年“世外杯”比赛前，她细心与我讨论开课思路、教学活动设计和德语说课演讲，每一个环节，甚至每一句发言都与我一同仔细研究、修改。罗校长十分注重以学生为本，坚持“积极参与、努力实践”的办学理念，推崇“情景交际”的外语教学法。从她身上我真正学习到如何成为一名热爱学生、严谨治学、与时俱进的优秀教师。如今回顾自己一路成长成熟的过程，“世外杯”的经历是我教师职业中十分重要的一次学习成长机会，也奠定了我之后教学的理念和发展方向。

记得罗校长与我闲聊时曾开玩笑地自嘲，学德语的人做事总是很“顶真”。在我眼里，罗校长身上的“顶真”就是一种始终一丝不苟的严谨作风。她有一本小笔记本，无论大小会议还是组内讨论，她都带着它，她总是十分认真地边听边记下要点。有一次我坐在她身旁，出于好奇地瞥过一眼，她的书写清晰工整，一撇一捺十分坚定有力，心中不由再生钦佩。

细细回忆，与罗校长一起共事的场景实在太多：接待德国歌德学院院长来访，活动筹备时她一丝不苟地帮我们修改文稿翻译；每次对外展示课后对我的肯定和建议，她一字一句仔细阅读我的教学论文、细心指导；我首次带学生参加德语奥林匹克竞赛归来后的开解和指点；每一次师生赴德交流活动时的关心和关注……

是罗校长让我体会了身为教师的幸福，是她让我燃起了对于严谨教学、学术钻研的热情，唤起了我对于这份教师职业的使命感和不懈追求。

我校二外教学发展的引路人

1996年建校以来，我校就设立了第二外语课程。20年来，罗校长带领二外组的教师们探究第二外语在中学阶段的教学目标，始终致力于完善我校二外课程的设置、教材和教学大纲，构建并完善了我校的第二外语的教学模式和课程体系。

以德语学科为例，鉴于市面上现有的教材大多内容偏成人化、职业化，罗校长决定带领德语组教师着手编写校本教材，并强调“教材应充分考虑我校学生的年龄特点，内容要循序渐进，主题要围绕学生的生活实际，配套练习要有针对性、交际性”。罗校长贡献出她在上外附中时自编的德语教材作为基础，又亲自到德国挑选了一些可供参考的原版教材带回国。她同我们一起不断在课堂实践中总结经验，再落实到教材编写中。2010年校本教材（共三册）完成了编写和修订，分别投入六、七、八年级使用。教材难度层层递进，六年级的“Schnupperkurs”（你想闻闻德语的味道吗?）旨在唤起学生学习德语的兴趣，减少对德语难学的恐惧感，从一开始就引导学生大胆开口说话。七、八年级的“我们一起学德语”则是在Schnupperkurs基础上更系统、正规的学习。这套教材涉及德语中的主要的语法现象，内容则以学生日常生活情景为依托，涵盖了家庭生活和学校生活等各个方面。每个单元有主题课文、对话，词汇表，语法解释，针对课文重点的补充词汇、语法练习和课后阅读材料等。同时，为适合初中学生的学习，教材还配有大量丰富有趣的插图，以提高学生的学习兴趣。

在罗校长心中对于学生培养的关注点不仅仅在于学科知识，更强调学生在思维模式、品格锻造和综合能力（包括沟通能力、学习能力、跨文化理解力等）的培养。

学校始终秉承由罗校长办学伊始所提出的“积极参与、努力实践，主动合作、勇于创新”的教学理念，强调在外语教学与活动中的参与和实践、师生互动的作用以及培养学生合作精神和创新能力的重要性，培养学生成为有教养、有文化、有能力，具有国际化视野的走向世界的现代中国人。

我校的二外教学坚持以学生为中心的教学原则，调动学生在语言学习中的积极性和自主性，强调协作学习和通过亲身实践习得语言。学生是教学的中心，通过全程参与课堂，积极主动地发现问题、提出问题、思考问题、解决问题，从而掌握语言知识、提高语言水平。在此教学理念引领下，采用了“体验—探索—反思—实践”的语言课堂教学和学生自主学习模式，使学生不再孤立地学习语法规则，而是沉浸在情景交际的语言环境中，通过自己的探索去发现总结语法规则。

作为一所外国语学校，我们除了借助德语课堂帮助学生了解德国文化之外，也通过各类丰富多彩的课外活动培养其理解他国文化的意识。2004年，在罗校长的亲自关心和联系下，我校与德国曼海姆中学结为姐妹校；2008年11月罗校长促成了我校与德领馆的合作，我校正式加入了由德国外交部发起的“学校：塑造未来的伙伴”项目（PASCH），成为PASCH伙伴学校。

如今，依托罗校长的指导和培育，我校的第二外语蓬勃发展，从原来的日、德两门语言，扩展成为日、德、法、西、韩5个小语种。专业教师队伍不断壮大成熟。第二外语学生人数不断增加，这些世外学子们如今遍布五湖四海。第二外语的学习为孩子们打开了一扇通往世界的门，使他们能更深入地了解世界。这就是第二外语学习的意义所在，也是罗校长不辞辛劳地开办二外的初衷。

对于教育，罗校长是无私奉献的，不仅仅局限于世外，更希望能推动整个上海乃至全国的德语教学发展。2009年，她提出举办一届以第二外语（德语）为主题的“世外杯”系列教学研讨，希望能凝聚更多的教师力量，相互交流，共同促进第二外语教学水平。那次活动吸引了来自全国各地的德语教师们，也获得了德领馆文化教育处的大力支持和钦佩。所有参加研讨的教师们都十分感恩这样的交流机会，也十分羡慕我校的第二外语的教研氛围和罗校长高瞻远瞩的理念。

罗校长对我的影响，不仅仅是教学上的指导，更为重要的是，她的人格魅力和对于教育事业的热忱始终潜移默化地感染着我。教育对她而言是毕生的事业，而世外就如同是她的孩子，她像孕育生命一般，呵护培育着一代又一代的学生、一批又一批的年轻教师们，为世外的发展投入了大量的心血、智慧和情感。

每当有人问起我“世外有几位德语老师”，我都更愿意回答：“四位，其中一位便是我校的创始人、德语特级教师——罗佩明校长。”这是一份属于我们世外、属于二外德语组的自豪感、安全感和幸福感，我们无比珍惜、心怀感恩！

逢罗校长于世外工作二十载，衷心祝愿您身体安康、幸福如意！愿世外中学、二外组、德语组蓬勃发展！

（作者系世外中学德语教师）

我与世外的 7 年情缘

张艳辉

女儿在 2009 年完成小学学业，“过五关斩六将”升入上海市世界外国语中学，开始她的中学生活，在初二时自己决定放弃中考，希望直升本校高中，接受 IBDP 课程的学习，在世外桃源中学习 7 年，在这里完成了全部中学学业。因为女儿的原因，我做了 7 年的家委会工作，与世外中学结下 7 年的情缘，见证了女儿的成长，见证这所年轻名校的 7 年发展历程。

初识世外

2009 年上半年，女儿即将小学毕业，面临人生的第一次选择——选择就读的中学。女儿“一意孤行”地选择了上海市世界外国语中学，我并不看好的学校——“江湖传言”攀比很严重的学校。无法说服从小就在民主家庭氛围下长大的女儿，只好同意她自己的选择，看着她自己准备简历，自己准备升学考试。

4 月收到世外中学的面试通知，女儿更加开心地、积极准备升学考试。在一个星期六的上午，陪着女儿一同走进神秘的上海市世界外国语中学（当时的校址在浦北路 380 号），考试结束后女儿的第一句话是："这个学校的老师读英语好美呀，我一定要到这里读书！"

在漫长的等待中，女儿终于收到入学通知，如愿成为世外中学的一员。在2009年9月1日女儿穿着世外的蓝白色的校服走进世外桃源，开始中学生的生活。

第一天放学，女儿和我谈起开学典礼上校长的讲话，她说："我们校长说了，能进世外的学生父母都有本事，都会用智慧和能力赚钱，但这不是我们的，也不是我们要比的，我们要比成绩、比能力，我们每一个人都要努力的。"我心中暗自高兴，原来"江湖传言"也有失真的时候！

在这样的氛围里每一个世外的学子用自己的智慧和能力在不断地"攀比"着：比成绩、比能力，而且是在良性竞争的氛围下"攀比"着，这是世外与众不同的地方，也是世外的魔力！

熟悉世外

女儿在世外桃源中开始中学生活，让她没有想到的是英语课程如此之难！原来老师那美丽、让她崇拜的英语发音，是用努力换来的。在老师的指引下，女儿开始了背英语课文的生活，英文办公室前背书长龙的画面中出现女儿的身影。一学期下来女儿的外语进步很快，与背英语课文培养语音语感、积累词汇量是分不开的。后来高中学习中，女儿的英语水平突飞猛进，她自己认为得益于初中时背课文等基本功的训练。

世外桃源以其独有的教育方式，使其教育水平与日俱进，被学生、家长和社会民众所认可，让家长感动的是，在全民追求升学率的今天，学生的学习、课余活动一个也不能少的学习生活氛围，培养爱心、优雅、大气的现代中国人的教育理念，让所有的世外学子都棒棒的！

入学半年后，女儿这一届学生迎来了世外传统的项目——迎新晚会，让我见识了世外学子的能力，让我体验了世外的教育理念。迎新晚会所有节目均来自学生自己的创意，所有参加演出的节目都是学生、老师和家长代表投票决定，在不停一节课的情况下学生自主排练，正式演出时，这台长达3个小时的迎新晚会让所有在场家长为之震惊——预备班孩子的演出具有专业水准！这一活动真实体现了学校的办学理念——在参与中学会合作，在实践中学会创新。

世外中学的达人秀、14岁生日、18岁的成人礼、大别山支教等等活动都真正地在培养着爱心、优雅、大气的现代中国人。

世外的教师

因为是家委会的一员，7年间近距离地接触了世外中学教师。每一位教师的敬业精神和爱心让我佩服，让我感动，世外中学每一位老师给予学生们的不仅仅是知识，更多的是帮助他们树立积极向上的人生态度，学生的每一点进步都凝聚着教师的心血。世外的老师用爱心伴随学生的成长；用真情滋润学生的心灵；用人格熏陶学生的胸怀。

曾经中午时在教师办公室见到教师一边吃着中饭一边听着学生背课文，学生背错之时也是老师停下吃饭之际，老师的基本功让你不得不佩服，不得不为之点赞！

为了学生的未来发展，学校和每一位老师都那么尽心尽力。因为班里只有女儿一个人选择IB课程理科模块中的生物课程，学校为她重新设计课表，为她单独设计一对一的语言A学科的课表。

女儿高二时，我出国访学一年，在这期间，女儿的老师，尤其是班主任、生物课任课教师等都曾给女儿更加多的关心和帮助，让我安心在国外访学。

世外的国际部

2015年12月13日下午，福布斯中国携手立洋教育联合发布《2016海外留学指南》，其中首次发布了北京和上海“最受欢迎的民办国际中学”，世外中学名列前茅，这是对世外国际部教育质量的认可，也是世外当之无愧的。

在高中三年里，女儿的变化足可以见证世外国际部的教育质量。3年里女儿顺利完成学业，顺利通过托福、SAT、ACT的考试，并且独自一人去香港参加大型考试；可以独立完成全英文的学术论文；与社团伙伴一起拍摄野外遇险自我保护的微电影……

3年里女儿的学业成绩飞速进步，综合素质不断提高，顺利完成美国高校的申请，无一不证实世外每日的进步，每日的发展。

世外的家委会

女儿在世外中学读书7年，我做了7年的家委会工作。因女儿的班主任推荐，借助学校提供的平台和机会，让我可以近距离地体验女儿的学校生活，近距离地体验了世外的发展，体验了世外每日的变化。

世外的家委会是在家长自荐、班主任推荐，学校审核后，由有爱心和责任心、热心于学校事务的家长组成，并且以年级为单位。多数学校的家委会层次浅、有点“虚”，桥梁和监督作用都未能得到充分发挥，而广大家长对学校日常管理、民主决策、教学行为等的主动参与意识也亟待提高。因学校的重视，世外中学的家委会真正成为家校间、家长间的桥梁与纽带，还是学校管理和教学行为的监督、评价者。世外中学真正把家委会成员当成事业上的伙伴和朋友，定期召开家委会工作会议，校领导及时沟通交流，班主任随时了解指导，让家委会工作有方向、有目标、有动力、有信心。

因为看到自己的孩子在世外桃源中不断收获新的知识、不断增长新的本事；因为学校对家委会工作的重视，每一位家委会成员积极踊跃、主动参与到家委会工作中来，形成热爱家委会工作、争作奉献的良好氛围，在这个基础上，分工协作，和谐凝聚，形成团队。

与世外7年的情缘，有很多的事情要描述，有很多的情感要抒发，但似乎又不知如何表达更贴切。看着即将走出国门的女儿，更多的是感激，感谢世外对女儿的培养和教诲，感谢世外让女儿扬起自信的风帆远行，相信这个世外女孩在异国他乡一定让身边的人见识世外学子的风采，见识爱心、优雅大气的现代中国人的形象。

时值世外中学20周年校庆之际，我作为一个与世外结下7年情缘的家长，再次祝福世外，祝世外的明天更美好！

（作者系上海师范大学现代校长研修中心教师，民革上海师范大学副主任委员、世外中学原年级家委会主任）

后记

回顾办学的故事，尝尽了甜酸苦辣，20年过去，昔日的幼苗已经枝繁叶茂，茁壮成长，终于迎来百花盛开的春天。就一所学校而言，世外中学已在众多的上海名校中站稳脚跟，小有名气，成为学生、家长青睐的品牌学校。

20年来，世外中学的办学条件日益完善，校园设计大气典雅：校门口半圆形的“地球”上写着学校的校名，表达了世外学子走向世界、与国际交流的决心；草坪上造型充满青春洋气的白帆；向着蓝天展翅飞翔的雄鹰雕塑，都是世外人奋发上进的标志物，它时刻激励师生：不忘初心，满怀抱负，做一个有责任、有担当的世外人。

20年来，我们充分发挥民办转制学校的体制机制优势，在国家教育方针的指引下，用好办学自主权，实行用人机制的改革，优化了师资队伍，培养和凝聚了一代又一代师德优秀、业务精良的青年干部和骨干教师；我们潜心钻研课程改革，努力建设国家课程国际化、国际课程本土化的融合课程，并创新开发了与时俱进、顺应时代潮流的、受学生欢迎的特色课程，实现了课程的多元化改革，为学生的全面发展、为达成培养具有“爱心、大气、优雅”“走向世界的现代中国人”的目标奠定了坚实的基础。

每当我走进校门，都能欣喜地看到学生们充满朝气、可爱甜美的笑容，这是发自内心的愉悦、满意。这一张张笑脸既是他们心情的流露，也展示着他们在世外中学的健康成长、对世外中学办学理念的认可以及他们在德智体美各方面的发展。世外的孩子们有抱负、有文化、有特长、有教养。我为能任职校长，和志同道合的同事们一起实现为之奋斗的共同教育理想，为国家造就一届又一届的“四有”“全人”，感到无限的骄傲和荣光。在此，我可以自豪地说：“这是我一生中最快乐的20年。”

内心无比充实、愉快之际，我想到了许多：

20年前，学校创办初期，无论硬件还是软件，都一穷二白、一无所有，加上社会各方的不了解、不理解，真是困难重重。但我们艰苦创业、团结一心，更令人感激和欣慰的是上级领导从机制上、政策上给予我们精神上的鼓励和支持、技术上的指导，使我们在较短的时间内走出困境，逐步解决了师资和财政困难，营造了世外的校园文化和“五大精神”，开始摸索出学校“参与实践”的理念，进而办出了学校的特色，在激烈的竞争中立足、前进。

20年中，我和我的团队积极进行课程改革，丰富和开展寓教于乐的教育教学活动，创建了如火如荼的国际融合课程等。看到老师们积极合作、勇于创新，学生们多才多艺、活泼开朗、兴趣广泛、各科成绩和自主学习能力有效提高，我从心底里感到无比快乐，成就感、幸福感油然而生。我想，这就是我理想中的学校，这就是我所喜爱的、祖国和未来需要的人才。

回想走过的岁月，创业虽苦，毫无畏惧和怨言；办学虽难，于我自有无穷的乐趣。世外20年的成长与发展，凝聚着所有教师同仁的呕心沥血，甚至有人为此献出了年轻的生命。20年前，大多数教师年轻、缺乏经验，还不够成熟，但经过刻苦学习、发奋锻炼，今天已成为世外乃至区域教育发展的生力军和宝贵的精神财富。还有众多从建校第一天起就亲切陪伴和指导我们前行，为我校形成特色、品牌作出杰出贡献的专家、顾问，他们始终是我们的引路人，支持者。近年来，凭借王均金董事长的大胆开拓、勇于实践，使学校在国际化、信息化的道路上不断迈进，成为一所在国内外享有一定知名度的完全中学，教师、学生、家长的亲和力、凝聚力不断加强，真正成为一个其乐融融的桃源大家庭。

所有的领导、专家、教师、家长、学生和社会各界人士的关爱和帮助，是我增强自信、克服困难、办好学校、收获快乐的源泉。"喝水不忘挖井人"，在回顾学校发展成长20年之际，我怀着感恩的心情，向他们表示由衷的感谢和敬意。在此，必须特别感谢我的爱人——他在我最危难时刻的无私相救，在我工作受挫时耐心倾听、开导劝慰，对我的工作始终分担、全力支持等，他所做的一切是我努力投身教育事业的强大力量。

今年上半年，我因年事渐高，身体状况欠佳，向王均金董事长提出了辞去常务副董事长职务的请求。董事长通情达理、善解人意，同意了我的申请，并聘任我担任世外中学终身名誉校长、董事。他请加籍华人画家张霭维女士为我和世外小学的王小平校长画了肖像，悬挂在校园的醒目处，作为对学校创始人的纪念。我对董事长此举万分感动，这体现了董事长对校长的厚爱和尊重。我将不辱使命、不负众望，继续关心和投入世外中学的发展和建设中，因为我爱世外，世外就像是我的孩子，我爱这里的一草一木，爱世外的每一位师生。我衷心希望各位世外同仁能够继续发扬对学生的热爱、秉承和坚持对教育事业的追求和执著，刻苦钻研，提升自我，继承并发扬一以贯之的世外理念"参与实践、合作创新"和"爱心、优雅、大气"的世外气质，让这片桃源沃土愈发广袤而富有生机。

为了践行世外的办学理念和培养目标——培养德智体美全面发

展的、有特长、有个性的学生，表彰和奖励20年来为世外中学的教育教学辛勤耕耘、不遗余力做出杰出贡献的教师，我发起并出资设立了“罗佩明奖学（教）金”。当我看到学生和老师们踊跃自荐，申请人数大大超过限定的名额；当我听到入围者投入动情地介绍自身事迹时，我不禁感动得热泪盈眶，这就是我，一个老教育工作者一生的追求和使命。

在世界外国语中学的20岁生日到来之际，谨以此文，献上我对学校最诚挚、美好的祝福，并特别感谢为本书出版辛勤付出的老领导、老朋友李骏修、王懋功、王厥轩等，在世外中学并肩战斗的厉笑影、陈勇、孙东帆、褚佳逸等各位同仁。

衷心祝愿世外中学的明天会更好！

罗佩明

2016年8月

图书在版编目(CIP)数据

我一生中最快乐的20年:我与世外中学/罗佩明著.
—上海:上海人民出版社,2016
ISBN 978-7-208-14083-7

Ⅰ.①我… Ⅱ.①罗… Ⅲ.①罗佩明-自传 Ⅳ.
①K825.46

中国版本图书馆CIP数据核字(2016)第228570号

责任编辑 楼岚岚
封面设计 范昊如

我一生中最快乐的20年
——我与世外中学
罗佩明 著
世纪出版集团
上海人民出版社出版
(200001 上海福建中路193号 www.ewen.co)
世纪出版集团发行中心发行 常熟市新骅印刷有限公司印刷
开本720×1000 1/16 印张19 插页3 字数222,000
2016年10月第1版 2016年10月第1次印刷
ISBN 978-7-208-14083-7/G·1820
定价58.00元